Chicago

Ein Führer zur zeitgenössischen Architektur

...

Susanna Sirefman

Chicago

Ein Führer zur zeitgenössischen Architektur

••• ellipsis KÖNEMANN

EDITOR Ellipsis London Limited
55, Charlotte Road
London EC2A 3QT

DISTRIBUTION U.K. and Africa: Ellipsis London Limited

SERIES EDITOR Tom Neville
DESIGN Jonathan Moberly
LAYOUT Pauline Harrison

© 1996 Könemann Verlagsgesellschaft mbH
Bonner Str. 126
D-50968 Köln

DEUTSCHE ÜBERSETZUNG
Christian Nymphius, Peter Kaufmann
REDAKTION UND SATZ
pno/Anette Selg, Berlin
HERSTELLUNGSLEITER
Detlev Schaper
DRUCK UND BINDUNG
Sing Cheong Printing Ltd.
Printed in Hong Kong
ISBN 3-89508-276-7

Susanna Sirefman

Inhaltsverzeichnis

Einleitung	6
O'Hare International Airport	13
Lakeview und Uptown Ravenswood	27
Lincoln Park	35
Gold Coast und Old Town	53
River North	73
Near North und Streeterville	87
North Michigan Avenue	101
East Loop	127
West Loop	165
Near West Side und South Loop	213
Pilsen	231
South Side, Bridgeport und Umgebung	239
Hyde Park	249
Vorstädte im Südwesten	255
Vorstädte im Norden	271
Gurnee und Zion	295
Index	303

Einleitung

Dieses Buch behandelt genau 100 Einrichtungen, die alle in den 80er und 90er Jahren entworfen und gebaut wurden. Auch ohne den Anspruch eines umfassenden Architekturführers bietet die Auswahl der Beispiele einen Überblick über die zeitgenössischen Trends der Architektur Chicagos und zeichnet ein facettenreiches Bild sowohl der etablierten Büros wie auch der neuen, unverbrauchten und aufstrebenden Stars unter den Designern und Architekten.

In chronologischer Ordnung aufgeführt – beginnend mit 333 West Wacker Drive und The Associates Center, beides wichtige Projekte des Jahres 1983, und abschließend mit der im Herbst 1993 eröffneten Cesar Chavez Grundschule – sind die Bauwerke ein Querschnitt der verschiedenen Handels-, Wohn-, Industrieeinrichtungen und öffentlichen Bauten, gleich welcher Größe, in der gesamten Stadt und in den Vororten. Es ist bezeichnend, daß die frühesten hier aufgeführten Beispiele zwei Bürotürme im Zentrum der Stadt sind, während das zuletzt fertiggestellte Projekt, das ich aufgenommen habe, eine öffentliche Bildungseinrichtung in einem der weniger wohlhabenden Stadtteile ist. Der überhitzte Bauboom der achtziger Jahre, während desen Wolkenkratzer als kurzfristige Handels- und Spekulationsobjekte hochgezogen wurden, ist endgültig mit einer Vollbremsung zum Stehen gekommen und wird jetzt durch Betonung öffentlicher Arbeit ersetzt. Es ist sehr ermutigend, daß das größte öffentliche Projekt die Harold Washington Library ist. Egal, ob man sich für das Gebäude interessiert oder nicht, es hat zweifellos eine große soziale Bedeutung. Sein Standort wird hoffentlich einiges dazu beitragen, den schrecklichen Niedergang an Freizeiteinrichtungen im Loop-Gebiet umzukehren, wo zur Zeit ein auffälliger Mangel an Restaurants, Kinos oder Unterhaltungsmöglichkeiten herrscht, besonders am späten Abend.

Das zweite neue, mit Bundesmitteln geförderte Gebäude – das Thompson Center – ist seiner ungewöhnlichen Erscheinung wegen bedeutend, und dies weniger aufgrund seines ästhetischen Reizes, sondern vielmehr wegen der Tatsache, daß es überhaupt gebaut werden durfte. Es ist deprimierend, die krassen Budgetunterschiede bei einem staatlichen Projekt wie dem Thompson Center und den äußerst üppigen und verschwenderischen Extravaganzen aus Marmor und Granit entlang der Wacker Drive festzustellen. Zeitgenössische und experimentelle Architektur muß ermutigt und unterstützt werden, und man muß ihr angemessene finanzielle Mittel zukommen lassen. Ideen müssen eine Chance erhalten. Ich glaube, daß die derzeitige, etwas reaktionäre Mode des Historizismus und der Ansatz, Gebäude in bezug auf ihren architektonischen Kontext zu entwerfen, mit einem gewissen Wagemut und der Lust am Ausgefallenen gepaart sein müssen. Die Forderung, daß Neues zu der bestehenden Typologie passen muß, ist von größter Bedeutung, doch sie war bedauerlicherweise der Grund für zu viele ausdruckslose und nichtssagende Gebäude. Deshalb ist es um so erfreulicher, wenn man auf Projekte wie Bertrand Goldbergs River City oder Hartshorne Plunkards' Peter Elliot Productions Studios stößt, deren Verdienst gerade darin liegt, etwas Neues und anderes zu versuchen, beinahe ungeachtet der Erfolgsaussichten.

Auch die North Michigan Avenue, eine der vornehmsten Einkaufsstraßen Amerikas, schildert eine faszinierende Geschichte von der Entwicklung der Architektur (und Wirtschaft) der neunziger Jahre. Die großen und gewaltigen Gebäudekomplexe – 900 North Michigan Avenue, City Place und Chicago Place – liegen direkt neben dem winzigen, aber originellen Banana Republic, Crate & Barrel und dem unscheinbaren Escada Plaza. Es ist befreiend, doch unrealistisch, sich auszumalen, daß kleinere, freistehende Geschäfte die monströsen, vertikalen Einkaufszentren, die gerade erst vor ein paar Jahren in Massen gebaut worden sind, ersetzen könnten.

Der mittlere Gürtel von Wohngebieten, der das Stadtzentrum ringförmig umschließt – architektonisch bemerkenswert insbesondere die nördlichen Gebiete Chicagos (Lincoln Park, Gold Coast und Old Town) –, ist deswegen interessant, weil Chicagos Bürger ganz offensichtlich eine Vorliebe für Wohnhäuser haben. Der größte Teil der Stadt ist überraschend eben, was es diesen Häusern erlaubt, an ruhigen Wohnstraßen zu gedeihen. Zutreffend als Stadt der Wohngebiete bekannt, wird Chi-

Einleitung

cagos ungewöhnliche und unglückliche Trennung der Stadtteile durch diese klare Trennlinie noch bestärkt, und es überraschte nicht, daß es in den südlichen Wohngebieten keine neuen erfreulichen Baumaßnahmen gab. Ich hoffe, daß der Schritt hin zu weniger ertragsorientierten Projekten in den neunziger Jahren einige angemessene Pläne des öffentlichen sozialen Wohnungsbaus vorantreiben wird.

Die Dezentralisierung des Stadtzentrums Chicagos ist zum Teil eine direkte Folge einer enormen Bevölkerungsverschiebung während der letzten zwanzig Jahre, bei der sich die Stadt nach außen in die Vororte ausbreitete. Aus diesem Grund habe ich achtzehn Einrichtungen im nördlichen und südwestlichen Gebiet des Großraums Chicagos mit aufgenommen. Wie in den meisten anderen Städten Nordamerikas gehören die Vororte derzeit zu den wichtigsten Wachstumsgebieten Chicagos, da der Trend der großen Firmen, ihre Büros aus dem Stadtzentrum abzuziehen, nicht nur die Schaffung von Industrieparks (oder des ersten Wolkenkratzers in einem Vorort Chicagos – dem Oakbrook Terrace Tower) erforderlich macht, sondern auch die dazugehörige Infrastruktur sowie Wohnhäuser für die Angestellten. Das posturbane Chicago entwickelt sich kontinuierlich nach außen und urbanisiert langsam einen ständig wachsenden Ring um sein Stadtzentrum.

Außer der Tatsache, die Stadt mit der bekanntesten Architektur ganz Amerikas zu sein, verleiht die spektakuläre geographische Lage Chicago eine einzigartige Eleganz. Weltweit wird die Stadt als „Heimat der Wolkenkratzer" angesehen (eine Folge des Wiederaufbaus nach dem großen Feuer von 1871), und der Chicago River und der See, die den gesamten Osten der Stadt umschließen (mit Stränden und allem, was dazugehört), schaffen einen friedlichen Hintergrund für diese durch und durch amerikanische Stadt. Die Skyline ist eine atemberaubende Mischung aus Geschäftshäusern und Fabriken, Gebäuden im Beaux-Arts-Stil und im linearen Stil Mies van der Rohes, die Seite an Seite mit den zahlreichen neuen und erstaunlichen Formen stehen, die den Gebäuden aus der jüngsten Vergangenheit verliehen wurden.

Es ist wunderbar, von der Spitze des Sears Tower oder des John Hancock Tower aus die Vielfalt der Gebäude Chicagos zu genießen, und auch das öffentliche Verkehrssystem, insbesondere die Hochbahn, bietet gute Möglichkeiten, sich einen Überblick über Chicago zu verschaffen. Sich an vielen der neuen Gebäude, die ich beschreibe, vorbei zu schlängen ist genauso aufregend wie eine Bootsfahrt den Fluß entlang, ein weiteres Muß für alle Bewunderer zeitgenössischer Architektur.

Danksagung

Danken möchte ich allen Architekten, die ich traf und mit denen ich sprach, für ihre Zeit und das Material, das sie mir mit Begeisterung gaben; allen Photographen, die freundlicherweise ihre Arbeiten beisteuerten; der Marketing-Abteilung der Chicago Transport Authority für ihre Ratschläge zum öffentlichen Verkehr; meinen guten Freunden in Chicago, Edward Moore und den Exleys; aber vor allem Carol und Josef Sirefman für ihre unermüdliche Unterstützung, Großzügigkeit und Ermutigung.

S. S. 1994

Hinweise zur Benutzung dieses Buches

Die Stadt wurde in sechzehn Gebiete unterteilt, die mit dem O'Hare International Airport beginnen und in etwa von Norden nach Süden verlaufen, bevor die Vororte behandelt werden. Bus- und Schnellzuglinien (RTT) vom Stadtzentrum aus werden am Ende jedes Eintrags aufgeführt, ebenso wie Straßen zu den Gebäuden, die nicht mit den Schnellzügen zu erreichen sind, und die Verzeichnisse der Stationen, die dem Bestimmungsort am nächsten sind.

In dringenden Fällen ist die Nummer des CTA Travel Information Center nützlich, das Fahrziele, Fahrpläne und Auskünfte zum CTA Bus, dem Schnelltransportsystem, den Vorortbussen und den Zügen der Metra erteilt. Es ist täglich, auch während der Ferien, von 5 Uhr morgens bis 1 Uhr nachts geöffnet und unter der Telefonnummer 312 836 7000 zu erreichen.

Der Plan der CTA Transportsystems, der laufend auf den neuesten Stand gebracht wird, ist an den größeren Stationen, am Flughafen, allen größeren Hotels der Innenstadt sowie den Fremdenverkehrsbüros (Visitor Information Centers) erhältlich. Ausweise und Automatenmünzen werden in Banken und Wechselstuben verkauft.

Auch für Spaziergänge ist Chicago eine wunderbare Stadt, vorausgesetzt, das Wetter ist gut genug. Falls Sie nicht mit der Stadt vertraut sind, erkundigen Sie sich ruhig, welche Stadtteile, insbesonders im Süden der Stadt, Sie auf Ihren Spaziergängen meiden sollten.

Falls Sie weitere Informationen zur Architektur wünschen, so gibt es ein Geschäft, eine Galerie und ein Tourenzentrum der Chicago Architecture Foundation (CAF), das mehr als 50 Wander-, Fahrrad-, Boots- und Bustouren anbietet. Die Adresse lautet: 224 South Michigan Avenue am East Jackson Boulevard.

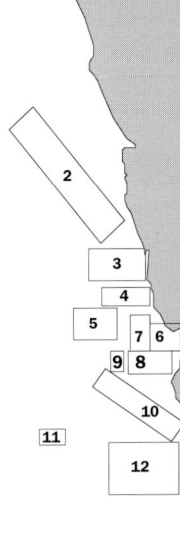

1 O'Hare International Airport
2 Lakeview und Uptown Ravenswood
3 Lincoln Park
4 Gold Coast und Old Town
5 River North
6 Near North und Streeterville
7 North Michigan Avenue
8 East Loop
9 West Loop
10 Near West Side und South Loop
11 Pilsen
12 Near North Side und Bridgeport
13 Hyde Park
14 Vorstädte im Südwesten
15 Vorstädte im Norden
16 Gurnee und Zion

O'Hare International Airport

Terminal-1-Komplex der United Airlines 14
O'Hare Schnellbahnstation 20
Das International Terminal 22

Terminal-1-Komplex der United Airlines

Der internationale Flughafen O'Hare wurde im Jahre 1963 eröffnet und ist derzeit mit über 72 Millionen Fluggästen pro Jahr der Flughafen mit dem größten Verkehrsaufkommen des Landes. 1982 gab Chicagos Luftfahrtbehörde den Anstoß zu einem Entwicklungsplan über 2 Milliarden Dollar, geplanter Abschluß: 1995. Dieser Plan zur Renovierung und Erweiterung wurde von der Murphy/Jahn-Gruppe, Environdyne Engineers Inc. und Schal Associates entwickelt und sieht zwei neue Terminalgebäude, zusätzliche Straßen, eine neue Schnellbahnstation, Service-Center und einen etwa 100 Hektar großen Frachtbereich vor. Die Murphy/Jahn-Gruppe, deren Firma eine historische Beziehung zu diesem Flughafen hat (während des Baus wurden alle Bauabschnitte von ein und demselben Architekturbüro – wenngleich unter verschiedenen Namen – beaufsichtigt: Naess & Murphy, C F Murphy & Associates und inzwischen Murphy/Jahn, geleitet von Helmut Jahn), entwarf das Terminal der United Airlines und die außerhalb gelegene Station, die mit dem Terminal verbunden ist.

An derselben Stelle gebaut wie das frühere International Terminal, sollen in dem neuen Terminal 70 000 Passagiere pro Jahr abgefertigt werden. Trotz einiger Auflagen durch vorher festgelegte Bestimmungen – Flugzeuge bis zur Größe eines Jumbo-Jets, Zubringerwege, Markierungslinien des Kontrolltowers und die Länge der zwei, bereits existierenden, parallelen Eingangshallen – hat Helmut Jahn ein meisterhaftes, ruhiges und leicht verständliches Terminal geschaffen.

Man betritt das ausdrucksstarke Terminal, indem man unter einem quadratischen Vordach aus Industrie-Edelstahl durchgeht, das sich über die gesamte Länge des Terminals erstreckt. Passagiere verlassen die Zugangsstraße an der Bordsteinkante und betreten eine Durchgangshalle, die in die lichtdurchflutete Schalterhalle führt, deren weiter und offener Raum durch die großartigen Wartesäle der viktorianischen Bahnhofshallen, Ausstellungshallen und Arkaden mit sichtbaren Eisen- und Glaskonstruktionen inspiriert wurde. Wenngleich als Insellösung konzipiert, ist das 120 000 Quadratmeter große Terminal auf die zwei langen, rechtwinkligen Hallen B und C ausgerichtet, die parallel zum Pavillon verlaufen. Die weite, stützenlose Schalterhalle,

Murphy/Jahn 1982-1988

Terminal-1-Komplex der United Airlines 15

O'Hare International Airport

Murphy/Jahn 1982-1988

Terminal-1-Komplex der United Airlines

obgleich groß und geräumig, dient nur als Vorhalle und führt zu diesen Terminalzentren; im Geschoß unter der Vorhalle befindet sich die Gepäckausgabe. Die freie Spannweite der Dachkonstruktion von etwa 35 Metern erlaubt absolute Flexibilität für die 56 Ticket- und Gepäckschalter des Pavillons. Nach Aussage der Architekten gewährleisten tagsüber die 1,5 Meter breiten Oberlichterbänder die Ausleuchtung des gesamten Innenraums. Flügelartige Umlenkbleche, die unterhalb der Oberlichter hängen, filtern das direkte Sonnenlicht und dienen als Gehäuse für Neonröhren und einen relativ neuen Typ energiesparender Halogenleuchten für die nächtliche Beleuchtung.

Die monumentalen Eingangshallen sind gewölbte Gänge, die unter Verwendung eines Systems von Aluminiumverschalungen (mit einer Dämmschicht an der Innenseite) und Glaseinsätzen, die an den stählernen Längssparren des Unterbaus befestigt sind, konstruiert wurden. Die verglasten Einheiten, die abwechselnd aus klarem, getöntem Isolierglas und gefrittetem Glas bestehen, wurden so angeordnet, daß das Tageslicht und die Sonnenenergie optimal genutzt werden können. Auf die Unterseite der Oberlichter wurde eine dünne, keramische Glasschmelze aufgebrannt, um einerseits die Transparenz zu erhalten, gleichzeitig aber weniger Sonnenlicht durchzulassen und eine spiegelnde Oberfläche für die indirekte Beleuchtung bei Nacht zu erhalten. Zum ersten Mal wurde in Amerika dieses Glas in einem solchen Ausmaß verwendet.

Die wundervoll detaillierte Struktur der gewölbten Gänge wird von gebogenen, weißen Stahlträgern betont, deren runde Aussparungen für Gewichtsersparnis und Transparenz sorgen; sie werden von Gruppen gebündelter Säulen getragen (eine bis fünf Stahlröhren, je nach dem Gewicht, das die Säule trägt) und setzen sich im Abstand von je 9 Metern über die gesamte Länge der beiden Vorhallen, die in halbgewölbten Räumen enden, fort. Die effektvolle Reihung von räumlichen Ereignissen gipfelt in dem Verbindungsglied der beiden Vorhallen: der wunderbare, 15 Meter breite und 245 Meter lange Fußgängertunnel, der Erinnerungen an das Set des New-Age-Films *Logan's Run* hervorruft und gleichermaßen entspannt und unterhält. Die

Murphy/Jahn 1982-1988

Terminal-1-Komplex der United Airlines 17

O'Hare International Airport

Murphy/Jahn 1982-1988

Terminal-1-Komplex der United Airlines

unterirdische Verbindung, über eine Rolltreppe zu erreichen, ist mit Laufbändern für die Personenbeförderung ausgestattet, die von futuristischer, magischer Beleuchtung, Kunst und Musik umgeben sind. Wellenförmige, durchscheinende Glaswände und -decken werden mit einem wunderbaren Spektrum an Farben durchleuchtet, während stilisierte „Bäume" aus Stahl die sich wiegenden, leuchtenden Membranwände und die Decke stützen. Über den vier parallelen Laufbändern ist eine Lichtskulptur von Michael Hayden angebracht, deren Form sich ständig ändert und die aus Neonröhren besteht, die von einer spiegelnden Oberfläche herunterhängen und von einem Computer gesteuert werden, der ständig sich verändernde Muster von Lichtimpulsen erzeugt. Die wechselnden Farben, die mit den Farben der Wände abgestimmt sind, werden durch atonale, synthetische Musik ergänzt, die William Kraft komponierte und Gary Fry bearbeitete. Dieser Gang – ein großes Vergnügen – bringt selbst den abgespanntesten Passagier zum Lächeln.

CO-ARCHITEKT   A Epstein & Sons
BAUINGENIEUR   Lev Zetlin Associates und A Epstein & Sons
VERKEHRSANBINDUNG   RTT: Blue Line
ZUTRITT   Publikumsbereiche frei

Murphy/Jahn 1982-1988

Terminal-1-Komplex der United Airlines 19

O'Hare International Airport

Murphy/Jahn 1982-1988

20 O'Hare Schnellbahnstation

Einem Tor gleich ist diese Station die Hauptverbindung des öffentlichen Verkehrs zwischen der Innenstadt Chicagos und dem Flughafen O'Hare.

Ein System großer, nachträglich verspannter Betonträger, die um die Säulen des Parkhauses herumgebaut wurden, und das zwei stützenfreie Bahnsteige überdacht, ist in einen offenen Graben eingesetzt. Die so entstandenen abfallenden Erdwälle auf der gesamten Länge der Station wurden mit Beton übergossen und hinter wellenförmigen Wänden aus Glasblöcken verborgen. Gerippte Glasblöcke wechseln sich mit durchscheinenden Blöcken ab, hinter denen der Wall durchgehend bemalt wurde. Der Wechsel von Transparenz und Undurchsichtigkeit wird verstärkt duch die Intensität der Pastelltöne. Die Kombination aus 9 Meter hohen Wänden, abgestuften und kühlen Farben und von hinten beleuchteten Glasblöcken erzeugt ein warmes, bewegtes Ambiente; zusätzlich dämpfen die wellenartigen Wände den Lärm der Züge. Alle in der Station verwendeten Ausstattungselemente – Bänke, Geländer, Bahnsteignischen aus Edelstahl und der schwarze, gummierte Boden – nehmen das Motiv der Untergrundbahn auf und sind auf große Belastbarkeit ausgelegt.

Die lange, gewölbte Halle wurde als Durchgangsraum konzipiert und ist in gedämpften Grau-, Schwarz- und Weißtönen gehalten. Horizontale Bänder aus verglasten Ziegeln wechseln die Farbe an den Eingängen des Terminals, und symbolische Tore werden von hellen, roten Säulen dargestellt, die ein Dach aus aufeinander geschichteten Glasziegeln stützen, das von klassischen Formen abgeleitet ist.

CO-ARCHITEKTEN Murphy/Jahn
BAUINGENIEUR Alfred Benesch & Co.
BAUHERR City of Chicago, Department of Public Works
GRÖSSE 9 750 Quadratmeter
VERKEHRSANBINDUNG RRT: Blue Line
ZUTRITT frei

City of Chicago, Dept. of Public Works, Bureau of Architects 1984

O'Hare Schnellbahnstation 21

O'Hare International Airport

City of Chicago, Dept. of Public Works, Bureau of Architects 1984

Das International Terminal

Der letzte große Teil des 2-Milliarden-Dollar-Entwicklungsplans für O'Hare – das International Terminal – dient der Abfertigung ausländischer Fluggesellschaften und aller internationalen Ankünfte. Das Gebäude beherbergt einen Ticketpavillon, einundzwanzig Flugsteige, Geschäfte, Logistikeinrichtungen, eine Durchgangsstation und Diensträume der Bundesaufsichtsbehörde. Drei Hauptetagen bestimmen die Struktur des Terminals: In der oberen befindet sich die Abflughalle, die untere dient als Publikumstreffpunkt, und in der dazwischen liegenden Etage ist Platz für die Gepäckabfertigung; die Verwaltung ist in einem Zwischengeschoß untergebracht. Das etwa 40 Hektar große, dreieckige Gebiet bestimmte die Grenzen des Entwurfs, da es an Zubringerwege, Rollbahnen und an den Straßenzugang angrenzt. Da dieses Terminal in einer gewissen Entfernung zu den anderen Terminals und den Parkplätzen liegt, gibt es ein gelungenes, überirdisches Leichtschienenverkehrssystem, das über dramatisch-kurvenreiche Gleise führt und eine spektakuläre Anfahrt zu dem neuen Terminal bietet.

Das Terminal ist ansprechend, stromlinienförmig und wie ein aufsteigender, horizontaler Bogen gebaut. Wie schon im Falle des United Terminals ließ man sich auch hier von den Bahnhöfen des frühen 19. Jahrhunderts inspirieren, obwohl man hier eine vollkommen unterschiedliche Wölbung wählte. Ein 240 Meter langer Schalterpavillon hat ein leicht gewölbtes Dach, dessen Höhe von 4,2 Meter bis auf 15 Meter ansteigt. Die Abflughalle profitiert am meisten von der offenen Stahlstruktur und ist von ausgedehnten gläsernen Seitenwänden umgeben. Von dieser Halle aus betreten die Passagiere die Galerie, die unmittelbar unter dem gewölbten Dach liegt und die Passagiere zu den Abflugschaltern der Fluglinien führt.

Die wichtigsten Materialien – Glaswände und Oberlichter, bogenförmige Metalle und Seitenplatten aus Metall, bemalte Zementblöcke, Resopalplatten und vorgefertigte Mosaikfliesen – vermitteln einen dem Zweck angemessenen Eindruck, wie er von anderen Flughafengebäuden oder Hangars und Lagerhäusern her vertraut ist.

Sicherheitsmaßnahmen haben die Bewegungsfreiheit innerhalb des Terminals

Perkins & Will 1993

Das International Terminal 23

O'Hare International Airport

Perkins & Will 1993

Das International Terminal

ziemlich eingeschränkt, und man kann sich leider nicht so stromlinienförmig durch das Gebäude bewegen, wie es seine Gesamtstruktur suggeriert. Die Ausmaße des Terminals sind überraschend klein und erscheinen für solch eine neue und ehrgeizige Einrichtung extrem beschränkt, da man bereits von Erweiterungen spricht. Vielleicht hätte mehr Zeit in die Entwicklungs- und Planungsphase investiert werden sollen, um einen Gesamtplan zu schaffen, der in der Lage wäre, auch zukünftige Erweiterungen angemessen unterzubringen.

CO-ARCHITEKTEN   Heard & Associates, Consoer Townsend & Associates
BAUINGENIEUR   Wells Engineering
BAUHERR   City of Chicago, Department of Aviation
GRÖSSE   106 000 Quadratmeter
BAUKOSTEN   618 Millionen Dollar
VERKEHRSANBINDUNG   RTT: Blue Line
ZUTRITT   Publikumsbereiche frei

Perkins & Will 1993

Das International Terminal 25

O'Hare International Airport

Perkins & Will 1993

Lakeview und Uptown Ravenswood

Anbau der Chicago City Day School 28
Conrad-Sulzer-Zweigstelle der Chicago Public Library 30

28 Anbau der Chicago City Day School

Dieser schicke Anbau einer privaten Grundschule beherbergt eine Sporthalle, ein Auditorium, Laboratorien und einen Speisesaal. Die stilvolle Erweiterung wurde an die Rückseite des dreieckigen Geländes gesetzt und harmoniert gut mit den vornehmen Wohnhäusern der Umgebung. Das bestehende dreistöckige Schulgebäude stammt aus den sechziger Jahren.

Die Außenfront des neuen Gebäudes besteht aus Kalksteinen und steht somit in deutlichem Kontrast zu den dunklen Ziegelsteinen des älteren Gebäudes. Die Architekten ließen sich offensichtlich von Eero und Eliel Saarinens Crow Island School inspirieren. Ein asymmetrischer Uhrenturm mit Edelstahlfassade ergänzt die Außenfront um ein vertikales Element; sie wird zusätzlich durch Fenster in einer für Kinder gedachten Größe und eine niedrige und schützende Eingangshalle rhythmisch belebt.

ADRESSE   541 West Hawthorne Place
BAUINGENIEUR   Robert L. Miller Associates
GRÖSSE   2 100 Quadratmeter
BAUKOSTEN   2,64 Millionen Dollar
VERKEHRSANBINDUNG   RTT: Red Line, Brown Line und Purple Line Express bis Belmont; Bus: 8, 36, 77, 135, 145, 146, 152, 156
ZUTRITT   kein Zutritt

Weese Langley Weese 1990

Anbau der Chicago City Day School 29

Lakeview und Uptown Ravenswood

Weese Langley Weese 1990

Conrad-Sulzer-Zweigstelle der Chicago Public Library

Das Büro Hammond, Beeby und Babka hat einiges vorzuweisen, was den Bau von Büchereien betrifft, es hat bereits in den Vororten vieler Städte in Illinois wie Champaign, Skokie, Tinley Park, Northbrook und Oak Park Büchereien entworfen, ebenso wie die Bibliothek der Kansas State University in Manhattan, Kansas. Am bekanntesten ist die Harold Washington Library, mitten im Chicago Loop.

Die Conrad-Sulzer-Zweigstelle – eine der meistbenutzten unter den regionalen Büchereien Chicagos – hat einen Bestand von 250 000 Büchern. Wegen eines bürokratischen Papierkriegs lag der Plan fünf Jahre in den Schubladen der Architekten, bevor er schließlich umgesetzt werden konnte. Das dreieckige Gelände, das von der sich diagonal teilenden Lincoln Avenue und der in Ost/West-Richtung verlaufenden Sunnyside Avenue begrenzt wird, liegt direkt gegenüber einem Stadtpark. Das Gebäude soll eine Verbindung zwischen der Geschäftswelt der Lincoln Street und den ethnisch vielfältigen Wohnvierteln der näheren Umgebung herstellen und hat die Form eines langen Rechtecks mit einer halbkreisförmigen Front. Die Fassade an der Lincoln Avenue ist bis auf Straßenniveau heruntergezogen und hat dieselbe Höhe wie die bestehenden Läden und Geschäfte, während die Rückseite des Gebäudes, wo die nicht-öffentlichen Service-Einrichtungen untergebracht sind, weniger massiv und bestimmend gehalten ist.

Der leitende Architekt Thomas Beeby beschreibt die Bücherei als „eine Mischform aus Mies und Schinkel", und seine Hinwendung zum deutschen Klassizismus ist ein Zugeständnis an die multikulturelle Atmosphäre in Ravenswood. Die schwere Außenfront ruft Erinnerungen an traditionelle, städtische Einrichtungen hervor, die dicken Ziegelsteinmauern vermitteln den Eindruck von Substanz und beherbergen technische Systeme. Von der Straße aus kann man nur sehr wenig vom Inneren des Gebäudes erkennen, und aus Sicherheitsgründen sind die mit einem Stahlrahmen versehenen und zurückgesetzten Fenster vergittert und verschlossen. Das Innere des Gebäudes ist von natürlichem Licht durchflutet und wirkt ebenso freundlich wie das

Hammond, Beeby & Babka

Conrad-Sulzer-Zweigstelle der Chicago Public Library 31

Lakeview und Uptown Ravenswood

Joseph Casserly/Chicago City Architects 1985

Conrad-Sulzer-Zweigstelle der Chicago Public Library

Äußere imposant. Durch die Eingangslobby, eine wunderschöne, elliptische Rotunde, die sich zwei Stockwerke hoch über einen Terrazzofußboden erhebt, gelangt man zum Auditorium und zu einem öffentlichen Versammlungsraum, die benutzt werden können, wenn die übrigen Einrichtungen der Bücherei geschlossen sind, und somit eine wichtige Begegnungsstätte für die Bewohner des Stadtteils darstellen.

Geht man die Treppen zum zweiten Stock hinauf, bietet sich der eindrucksvolle Ausblick auf acht jeweils 6 Meter hohe Säulen, die wie in einer Parade abwärts zum Mittelpunkt des Raumes fluchten. Diese fabelhaften, riesigen, schwarzen Säulen erfüllen auch eine auf diese Weise sichtbar gemachte Funktion: Sie gehören zum Belüftungssystem. Ein anderes erfreuliches Element dieses öffentlichen Gebäudes ist das Mobiliar. Der Architekt Tannys Langdon hat bezaubernde volkstümliche Stühle geschaffen, die germanischen Themen gewidmet sind und die sich überall in der Bibliothek finden, wo sie Geschichten auf der Grundlage deutscher Fabeln und Mythen erzählen. In der Abteilung für Kinder stehen kindergerechte Stühle und besondere Stuhl/Tisch-Kombinationen aus bemaltem Sperrholz.

Die örtliche Gemeinde war an der Entwicklung und Dekoration der Bibliothek maßgeblich beteiligt. Ein Fresko von Irene Siegal mit dem Titel „Aenead" mußte sogar aus dem Versammlungsraum entfernt werden, da der Text, den die Künstlerin an die Wand malte, von der Bevölkerung als Graffiti angesehen wurde und es eine allgemeine Empörung gab, daß öffentliche Gelder für etwas verwendet wurden, was in der Nachbarschaft für ungesetzlich und respektlos angesehen wurde!

ADRESSE 4455 North Lincoln Avenue
BAUHERR Conrad Sulzer Regional Library
GRÖSSE 5 800 Quadratmeter
BAUKOSTEN 7,6 Millionen Dollar
VERKEHRSANBINDUNG RTT: Brown Line bis Western; Bus: 11, 49, 49B, 78
ZUTRITT frei

Hammond, Beeby & Babka

Conrad-Sulzer-Zweigstelle der Chicago Public Library 33

Lakeview und Uptown Ravenswood

Joseph Casserly/Chicago City Architects 1985

Lincoln Park

BMT-Bürogebäude	36
Florian-Doppelhaus	38
Dreiparteien-Haus in der Mohawk Street	42
Scoozi!	44
Cairo	46
Luminaire	48
Embassy Club	50

BMT-Bürogebäude

Dieses Stockwerk – das oberste eines 1910 gebauten Lagerhauses – wurde für eine kleine Firma, die Spielzeug entwickelt, renoviert. Bruchstückhafte Flächen aus Gipskarton, ungewöhnliche Winkel und Trennwände in den drei Primärfarben Rot, Blau und Gelb schaffen einen komplexen Grundriß mit wenig rechten Winkeln. Ein gelber Keil, der aus der dicken, roten Wand aus Ziegelsteinen herausbricht, ist auf der Rückseite des Gebäudes zu sehen und signalisiert den Passanten die Existenz des Büros.

Aus Sicherheitsgründen und Angst vor Industriespionage wurden die öffentlich zugänglichen Bereiche und das Entwicklungsbüro voneinander getrennt, aber ein Bestandteil des Besucherprogramms ist ein Demonstrationspodium, auf dem neu entwickeltes Spielzeug vorgestellt wird. Nachdem man mehrere Türen im Publikumsbereich passiert hat, gelangt man in ein Großraumentwicklungsbüro mit der Werkstatt für Spielzeug, zu der Unbefugte keinen Zutritt haben. Eine Modelleisenbahn, die sich über den Köpfen der 30 Mitarbeiter durch das Büro schlängelt und die einzelnen Bereiche miteinander verbindet, greift das Thema Spielzeug erneut auf.

ADRESSE 750 North Orleans
BAUHERR Rouben Terzian und BMT Design
GRÖSSE 445 Quadratmeter
VERKEHRSANBINDUNG RTT: Brown Line und Purple Line Express bis Chicago; Bus: 37, 41, 66
ZUTRITT kein öffentlicher Zutritt

Pappageorge Hymes 1988

BMT-Bürogebäude 37

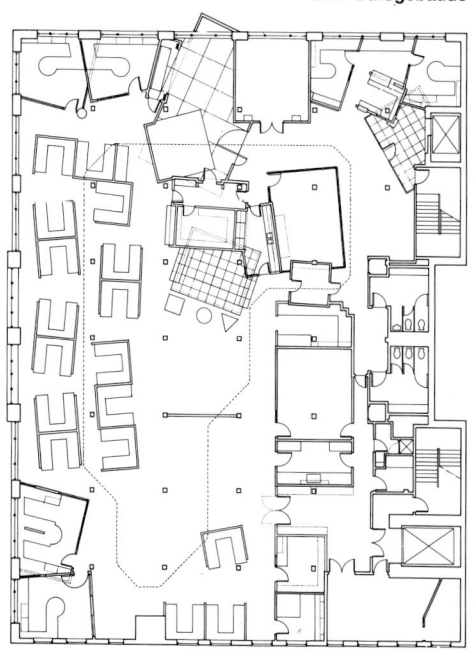

Lincoln Park

Pappageorge Hymes 1988

Florian-Doppelhaus

Der auffallend voneinander abgesetzte, cremefarbene und graue Anstrich dieses zweigeschossigen Holzhauses hebt die Konstruktionsgeschichte des Gebäudes hervor und spiegelt das Hauptanliegen des Architekten wider: In der Gegenüberstellung zweier urbaner Gebäudetypen kommen die 20 Jahre zur Geltung, die zwischen dem Bau des Unterteils, einem einfachen Reihenhaus mit Pfosten und Balken, und des später hinzugefügten Oberteils, einem Bungalow in einem für Chicago typischen Stil, vergangen sind.

In der unteren Hälfte der Fassade befinden sich drei perfekt ausgewogene Fenstersäulen in einem erhöhten, geradlinigen Raster, dessen geometrisches Muster sich in der horizontalen Verzierung der vorderen Gartenumzäunung wiederholt. Diese Silhouetten klassischer Gestalt sind – typisch für die urbane Ordnung – verspielte Gesten, die Formalität suggerieren. Die einfach gehaltene, obere Hälfte, ein Bungalow im regionaltypischen Stil, der auf einen nackten, klassischen Unterbau gestellt wurde, wird durch die unregelmäßige Anordnung der Fenster strukturiert. Ein quadratisches Fenster wurde zur Überraschung des Betrachters direkt auf das Gesims gesetzt, und das andere ist nur eine schmale Andeutung einer Öffnung. Im Zentrum befinden sich eine vertikale Säule aus Fenstern und eine Miniaturversion eines Balkons mit einer schönen, geraden Balustrade, die die zwei Hälften miteinander verbindet.

Das Innere der oberen Wohnung ist eine farbenfrohe Mischung aus russischem Konstruktivismus, Dekonstruktivismus und De Stijl-Einflüssen. Verschiedene Flächen wurden entfernt, verschoben und neu ausgerichtet, um diesem kleinen, etwa 70 Quadratmeter großen Studioappartement ein offenes und geräumiges Ambiente zu verleihen.

Die Anordnung entspricht einem langen Rechteck mit einem freistehenden Kubus in der Mitte. Eine rote, dreieckige Platte durchschneidet die weiße, freie Küchenwand im oberen Teil und verbindet alle Elemente des Raumes miteinander. Diese ebene Fläche, die ein tragendes Element des Schlafzimmers ist, verläuft diagonal durch die

Florian-Wierzbowski 1986

Florian-Doppelhaus 39

Lincoln Park

Florian-Wierzbowski 1986

Florian-Doppelhaus

ganze Wohnung, ragt ins Badezimmer hinein, verwandelt sich in die Küchendecke und verbindet alle ihrer Funktion nach getrennten Bereiche der Wohnung.

Ein Arkadengang sich wiederholender grüner Türen verlängert die Perspektive der weißen Eingangsseite, und die Fenster wurden recht hoch angebracht, um die Privatsphäre zu schützen, da das Gelände zu beiden Seiten von anderen Gebäuden umgeben ist. Die grünen Wände und die Dachschiefer des benachbarten Hauses, derer man von den erhöhten Fenstern aus ansichtig wird, passen auf wunderbar subtile Art zusammen und ändern mit wechselndem Sonnenstand ihr Aussehen. Die sorgfältig ausgewählten Farben, die bei diesem Projekt Verwendung fanden – Grüntöne, brillantes Gelb, ein ins Orange gehendes Rosa und Blau –, heben die besonderen Formen hervor und lenken so die Aufmerksamkeit auf deren Wechselwirkung untereinander. Ein Beispiel dafür ist das gelbe Küchenregal, das in den Wohnbereich vordringt und so eine überzeugende Kombination von geradliniger Farbe und Form schafft.

Der Fußboden der Wohnung wurde zu einer Art Terrasse verlängert, die über den Hinterhof ragt und als Frühstücksecke genutzt wird. Ein Birnbaum spendet dieser Baumhausterrasse Schatten. Hier wurden Form, Funktion und Ablauf ganz offensichtlich verstandesmäßig erforscht und auf sehr erfreuliche Art und Weise ausgedrückt.

ADRESSE 1816 North Cleveland Street
BAUHERR Paul Florian
GRÖSSE 70 Quadratmeter
VERKEHRSANBINDUNG RTT: Brown Line bis Sedgwick (B Stop); Bus: 11, 37, 72, 73
ZUTRITT kein Zutritt

Florian-Wierzbowski 1986

Florian-Doppelhaus

Lincoln Park

Florian-Wierzbowski 1986

42 Dreiparteien-Haus in der Mohawk Street

Strenge Symmetrie innen wie außen charakterisiert dieses zeitgenössische, dreistöckige Stadthaus. Dieses Privathaus in direkter Nachbarschaft zu einem unbebauten Gelände und umgeben von älteren, verwitterten Dreiparteienhäusern liegt in einem etwas heruntergekommenen Wohnviertel. Das einfache, an vertikalen Linien ausgerichtete Äußere aus Ziegelsteinen und Beton überrascht mit einer Kuppel auf dem Dach. Hinter einer scheinbar schmalen Fassade mit einer zurückgesetzten Eingangstür verbirgt sich tatsächlich ein überraschend geräumiger Innenraum. Diese Illusion ist beabsichtigt, und Frederick Phillips spielt mit diesem Thema überall in dem Gebäude.

Jedes Stockwerk hat eine Fläche von 83 Quadratmeter; ein Studio nimmt die größte Fläche des ersten Stockwerks ein, während die restlichen zwei dreigeteilt sind. Das zweite ist um ein zentrales Eßzimmer herumgebaut und von der Küche und dem Wohnzimmer durch Schiebetüren getrennt. Das Fehlen einer festen Abtrennung zwischen den einzelnen Bereichen erweckt den Eindruck von Weite und Offenheit. Ein Oberlicht in der Mitte des Daches läßt nicht nur Tageslicht hinein (es gibt keine Seitenfenster), sondern wird auch zu einem ordnenden Element für die drei Schlafzimmer des oberen Stockwerks. Runde Mauern, bedingt durch den Einbau einer Wendeltreppe, die zu der Kuppel führt, verleihen dem Schlafzimmer zusätzlich Charakter.

Das Innere ist in zarten Weiß- und Cremetönen gehalten, und das Tageslicht wirft überall herrliche Schatten. Alles scheint am perfekten Platz zu sein und auf natürliche Weise zu passen, wie eine superordentliche Strumpfschublade.

ADRESSE   1518 North Mohawk Street
BAUHERR   Frederick and Gay Phillips
BAUINGENIEUR   Beer Gorski & Graff
GRÖSSE   250 Quadratmeter
VERKEHRSANBINDUNG   RTT: Brown Line bis Sedgwick (B Stop); Bus: 37, 72,
ZUTRITT   kein Zutritt

Lincoln Park

Frederick F. Phillips & Associates 1989

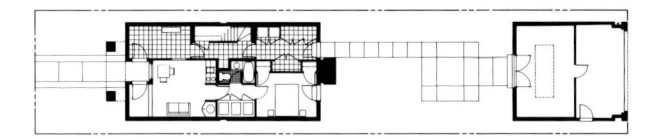

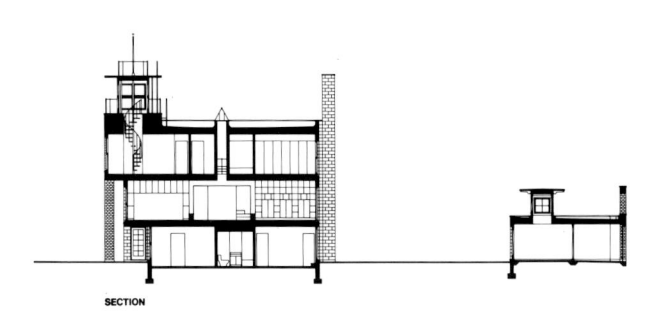

Dreiparteien-Haus in der Mohawk Street 43

SECTION

Lincoln Park

Frederick F. Phillips & Associates 1989

Scoozi!

Jordan Mozer und Rich Melman, Geschäftsführer der Lettuce Entertain You Enterprises, haben eine ehemalige Autowerkstatt in ein geräumiges Lagerhaus und Restaurant umgebaut, das sich leicht anhand einer riesigen, fast 300 Kilogramm schweren Tomate aus Fiberglas an der Fassade erkennen läßt. Eine angenehm überfüllte, dunkle Holzbar wurde theatralisch an die Außenwand gesetzt und dient als Mittelpunkt für die drei Ebenen des 320 Sitze großen Eßbereiches. Von den besten Plätzen aus lassen sich die Menschen sehr gut beobachten; die helle und freundliche Küche befindet sich im hinteren Teil des großen und offenen Raumes. Das Ambiente entspricht sehr der New Yorker Mode.

Malträtierte Mauern, Mosaikboden, Deckenstuck im Renaissance-Stil in Kombination mit antiker Ausstattung verleihen dem ganzen einen modischen, pseudo-historischen Touch. Die verfärbten, rissigen Mauern sehen aus, als ob man ihnen mit einem gehörigen Maß an Aggression zu Leibe gerückt wäre: Dieses Ergebnis wurde erzielt, indem man die Wände verputzte, überhitzte und dann mit Vorschlaghämmern gegen den Putz schlug.

Mozer erhielt die vorhandenen Dachbalken, die eine freie Spannweite von 30 Metern haben, und benutzte sie, um industrielle Kronleuchter daran zu befestigen – eine sonderbare Ergänzung mit rechteckigem Art-deco-Inventar, die das Image des Traditionellen, Typischen konterkariert, genauso übrigens wie die italienischen Zeitschriften, mit denen die niedrigen Trennwände planlos tapeziert wurden.

ADRESSE 410 West Huron Street
BAUHERR Lettuce Entertain You Enterprises, Inc.
MITARBEITER Aumiller Youngquist p. c.
GRÖSSE 1 200 Quadratmeter
BAUKOSTEN 1,9 Millionen Dollar
VERKEHRSANBINDUNG RTT: Brown, Purple Line bis Chicago/Franklin; Bus: 37, 41
ZUTRITT montags-freitags zum Mittagessen; Abendessen ab 19.00 Uhr

Jordan Mozer & Associates, Limited 1987

Scoozi! 45

Lincoln Park

Jordan Mozer & Associates, Limited 1987

Cairo

Das beherrschende Thema dieses Jazzclubs – eines weiteren, schicken Szenetreffpunkts von Mozer – ist Ägypten. Einem Gerücht zufolge war Mozer von dem überladenen Symbolismus und der Phantasie der goldenen Ohrringe der Freundin des Auftraggebers so begeistert, daß er sich über ein Jahr lang in Ägyptologie versenkt hat. Vom Namen dieses zweigeschossigen Etablissements über die Tanzfläche mit privaten Nischen im Souterrain bis hin zu dem sarkophagähnlichen Eingangsbereich und den großzügigen Lapislazuli-Intarsien haben ägyptische Motive den Entwurf, die verwendeten Materialien und Details inspiriert. Lackiertes Holz, oxidiertes Kupfer und – wie zu erwarten – verfallende Wände tragen zu dem archäologischen Touch bei, und sogar die zickzackförmige Bar aus Ahorn hat die Form der Hieroglyphe für Wasser.

Wie in all seinen phantasievollen und einfallsreichen Räumen hat Mozer auch hier neue, zeitgenössische Stilmittel hinzugefügt. Im Cairo ist das Piano in einem wundervollen, runden und freien Teil des Raumes versteckt; die Beleuchtungsinstallationen sind im Art-deco-Stil gehalten, und das Mobiliar – insbesondere der Cairo-Stuhl, ein rundlicher Polstersitz auf einem Stahlrahmen, der mit Radmuttern zusammengehalten wird – ist umwerfend. Dieser Stuhl wird zur Zeit in einer limitierten Auflage von Shelby Williams hergestellt. Mit bewundernswertem Geschäftssinn ist Mozer übrigens in die Möbelproduktion eingestiegen: Die Möbel des Cairo und anderer, von Mozer gestylter Treffpunkte (Sabrina, Neo, Scoozi! und Vivere) verkauft er inzwischen auf Nachfrage auch an Privatleute.

ADRESSE 720 North Walls Street (Ecke West Superior Street)
BAUHERR John Abell
GRÖSSE 510 Quadratmeter
BAUKOSTEN 840 000 Dollar
VERKEHRSANBINDUNG RTT: Brown, Purple Line Express bis Chicago/Franklin; Bus: 11, 22, 36, 41, 135, 136, 156
ZUTRITT Di-Fr 20.00-04.00 Uhr; Sa-So 21.00-04.00 Uhr

Jordan Mozer & Associates 1987

Cairo 47

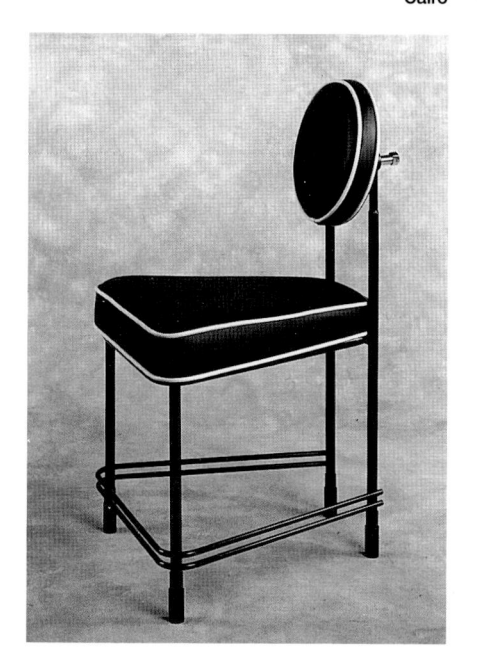

Lincoln Park

Jordan Mozer & Associates 1987

48 Luminaire

Dieses zu einem Verkaufsraum umgebaute Loft ist ein Paradies für Möbeldesigner. Eine industriell gefertigte Stahlbrücke führt durch einen Eingangsbereich in einen ruhigen Innenraum, in dem schöne Stühle, Betten, Lampen und beste Kunst- und Architekturbücher stolz zur Schau gestellt werden und wie Farbtupfer vor dem überwiegend neutralen Hintergrund des Geschäftsraumes wirken. Sandstrahlbehandelte Glas-Raumteiler schweben über dem weißen Holzboden, auf dem freistehende Ziegelsteinmauern kleine Nischen für die verschiedenen Auslagen in diesem bewußt schicken Ambiente schaffen. Es ist ein zu Recht beliebter Ort der Schickeria, in dem viele junge Architekten ihre Mittagspause verbringen und davon träumen, alle diese großartigen Designerprodukte selbst zu besitzen.

ADRESSE   301 West Superior
BAUHERR   Nasir-Kassamau Luminaire
GRÖSSE   1 160 Quadratmeter
VERKEHRSANBINDUNG   RTT: Brown, Purple Line Express bis Chicago/Franklin; Bus: 37, 41, 66
ZUTRITT   während der Geschäftszeiten

Pappageorge Hymes 1992

Luminaire 49

Lincoln Park

Pappageorge Hymes 1992

Embassy Club

Der Embassy Club ist das jüngste Ergebnis der Vormachtstellung Pappageorge Hymes' bei der Entwicklung von Lincoln Park. City Commons (an der Kreuzung Willow, Orchard und Vine Street) war der erste Gebäudekomplex, dem nach seiner Fertigstellung 1985 Larrabee Commons (Kreuzung North Avenue, Larrabee und Mohawk), Altgeld Court (1300 West Altgeld) und die Clybourn Lofts (1872 North Clybourn) folgten.

Die Luxushäuser des Embassy Club stellen eine solide gebaute und witzige Anspielung auf den Typus des englischen Stadthauses dar. Aneinandergereiht zu geraden Straßenfluchten oder in einer dieser ungewöhnlichen Bogenformen zusammengestellt, bilden sie eine recht feudale, kleine Enklave. Die Ornamente der Fassaden und die Größe der Erkerfenster lassen auf die Höhe der Baukosten schließen ...

ADRESSE Kreuzung von Wrightwood, Greenview und Southport
BAUHERR MCL Construction Corporation
BAUINGENIEUR Samartano & Co., Abatangelo & Hason
GRÖSSE 38 300 Quadratmeter
BAUKOSTEN 15 Millionen Dollar
VERKEHRSANBINDUNG RTT: Brown, Red Line und Purple Line Express bis Fullerton; Bus: 9, 74, 76
ZUTRITT kein Zutritt

Pappageorge Hymes 1993

Embassy Club 51

Lincoln Park

Pappageorge Hymes 1993

Gold Coast und Old Town

House of Light	54
Anbau der Chicago Historical Society	56
Erweiterung eines viktorianischen Stadthauses	60
Firmenhauptsitz der Playboy Enterprises	62
Stahl- und Glashaus	64
Haus mit Erker	68
Stadthäuser in der Schiller Street	70

House of Light

Dieses Haus bekam von seinen Architekten den Namen Casa della Luce (Haus des Lichts), nicht nur wegen der außergewöhnlichen Menge an Tageslicht, das durch die Oberlichter und großen Fenster einfällt, sondern auch wegen der Verspieltheit der Designer-Leuchten, die durch das gesamte Haus schweben. Nachts kann das Haus mit ebenso vielen raffinierten Lichtarten durchflutet werden wie tagsüber. Zart, elegant und leuchtend – alles an diesem Haus scheint zu strahlen.

Ein erster Hinweis auf das Haus ist ein grüner Eisenzaun, der mit der kühlen Fassade (mit Kalkstein verkleidetes Mauerwerk) verbunden ist und ein verglastes Foyer trägt – der einzige fragwürdige Teil des Gebäudes, da diese Lobby extrem formal gestaltet ist und ein bißchen zu unpersönlich im Vergleich zu der Wärme des restlichen Gebäudes wirkt.

Das Haus wurde symmetrisch um einen dreigeschossigen Lichthof mit Oberlicht herum entworfen, in dem sich auch die Treppenaufgänge befinden. Das Eßzimmer ist von Säulen und Architraven eingefaßt und befindet sich im unteren Teil des Atriums leicht erhöht über dem Wohnzimmer. Im zweiten Stock befinden sich das Schlafzimmer der Eigentümer und ein Arbeitszimmer mit Bibliothek, das durch ein großes Oberlicht von natürlichem Licht durchflutet wird – eine Vorgabe, die für das ganze Haus galt und zu deren Erfüllung ein komplizierter Beleuchtungsplan entwickelt wurde. Ein Kinderzimmer mit einer beruhigend niedrigen Decke und ein gemütliches Gästezimmer befinden sich im dritten Stockwerk, in dem das Thema der zurückhaltenden Farbmodulationen in jedem Raum fortgesetzt wird (womit den Lichtspielen eine weitere reizende Note hinzugefügt wurde).

ADRESSE   1828 North Orleans Street
BAUINGENIEUR   Chris P Stefanos Associates
GRÖSSE   476 Quadratmeter
VERKEHRSANBINDUNG   RTT: Brown Line bis Sedgwick (B Stop); Bus: 11, 22, 36, 73
ZUTRITT   kein Zutritt

Booth Hansen & Associates 1983

House of Light 55

Gold Coast und Old Town

Booth Hansen & Associates 1983

Anbau der Chicago Historical Society

Die Chicago Historical Society wurde 1857 gegründet und zog 1931 in ein 10 500 Quadratmeter großes, von Graham, Anderson, Probst & White entworfenes Gebäude im neo-georgianischen Stil. Das große, mit rotem Ziegel- und Kalkstein gebaute Haus liegt an der südwestlichen Ecke des Lincoln Parks und erhielt 1971 einen 5 380 Quadratmeter großen Anbau, der von Alfred Shaw & Associates entworfen wurde. Der Haupteingang wurde in die Clark Street verlegt, doch der Eingangsbereich aus Marmor machte einen etwas furchteinflößenden Eindruck. Der jüngste Anbau hat eine einladende Straßenfront und hebt die stilistischen Unterschiede zwischen dem alten und dem neuen Teil auf. Gerald Horn leitete das Holabird & Root-Team bei der Schaffung einer neuen Identität für das Gebäude und der Verbesserung seiner programmatischen Funktionen.

Der Anbau von 1988 verhüllt den Anbau aus dem Jahre 1971 und verpackt die westliche Außenfront in eine Hülle aus Materialien wie roter Ziegelstein, Indiana-Kalkstein, Glas und Stahl, die ebenso wie die Größe der neuen Struktur gut mit dem Original harmonieren (auch wenn sie keine stilistischen Gemeinsamkeiten haben). Da das Museum im Stadtpark liegt, war der verfügbare Platz für die Neuerungen recht beschränkt, und jeder Anbau mußte zum größten Teil innerhalb der Grenzen des bestehenden Gebäudes ausgeführt werden, was umfangreiche, bauliche Modifizierungen erforderlich machte, wie etwa das Entfernen von Gebäudeverkleidungen, um die Last auf stützende Elemente zu reduzieren. Das zweite Stockwerk, ursprünglich 7 Meter hoch, wurde zweigeteilt, und somit wurde die Fläche der Galerie bei gleicher Grundfläche verdoppelt.

Der Publikumseingang aus einem Glasgitter und weißen Stahlträgern hat einen Spitzgiebel aus Stahl, an dem während der Ausstellungen leuchtende Fahnen angebracht werden. Überall befinden sich Gitter. Der im Gittermuster mit schwarzem, rostfarbenem und weißem Marmor verlegte Fußboden der Lobby wird von einer wunderbaren Gitterwand auf beiden Seiten der Haupttreppe – mit einem gitterartigen Geländer – und einer vergitterten Aussichtsplattform über dem Eingangsbereich ein-

Holabird & Root 1988

Anbau der Chicago Historical Society 57

Holabird & Root 1988

Anbau der Chicago Historical Society

gerahmt. In zwanzig quadratischen Nischen, die ein weiteres Gitterraster bilden, werden einige der 20 Millionen Artefakte der Gesellschaft, die in Chicago benutzt oder hergestellt wurden, ausgestellt. Ausstellungsstücke in Lebensgröße über das Pionierleben in Illinois und im Grenzgebiet Chicagos schließen sich in den Galerien an. Es gibt Räume voller Dioramen, die das schnelle Wachstum Chicagos im 19. Jahrhundert darstellen, eine zum Mitmachen animierende interaktive Galerie und eine Zeitkapsel in der Lobby, die darauf wartet, im Jahre 2038 geöffnet zu werden.

Ein Restaurant für das Publikum, eine Lounge für die Mitarbeiter und der Andenkenladen der Historical Society sind hinter der dreigeschossigen, runden, nach Süden in Richtung North Avenue weisenden Glasmauer untergebracht.

ADRESSE   1601 Noth Wells Street (Ecke West North Avenue)
BAUHERR   Chicago Historical Society
GRÖSSE   8 700 Quadratmeter
VERKEHRSANBINDUNG   RTT: Brown Line B bis North/Sedgwick, Red Line bis Clark/Division; Bus: 11, 22, 36, 72, 135, 136, 151, 156
ZUTRITT   Mo-Sa 9.30-16.30 Uhr, So 12.00-17.00 (sonntags Eintritt kostenlos). Thanksgiving, Weihnachten und Neujahr geschlossen

Holabird & Root 1988

Anbau der Chicago Historical Society 59

Gold Coast und Old Town

Holabird & Root 1988

Erweiterung eines viktorianischen Stadthauses

Die breiten Verbindungswege zwischen den Straßen sind ein typischer Bestandteil in Chicagos Stadtbild. Während es sich in der Regel um einfache Wege zu Garagen, Hintergärten oder Schuttplätzen handelt, wartet der Durchgang zwischen Dearborn und Clark Street mit einer bemerkenswerten architektonischen Überraschung auf: Der Anbau eines nüchternen, viktorianischen Stadthauses sticht in farbenfroher Herrlichkeit hervor. Als eines der wenigen Beispiele für Dekonstruktivismus in Chicago ist er ein wilder Ausbruch unvereinbarer Winkel, Flächen, Farben und Formen. Ausgehend von Fragmenten im Inneren, explodiert das Haus in einem Blitz aus blauem, goldenem und rosafarbenem Glas, ramponiertem und verbeultem Aluminium und verspiegelten Wendeltreppen hinaus in den Durchgang. Ein atemberaubender, schwindelerregender Anblick!

ADRESSE 1522 North Dearborn
BAUINGENIEUR Gullaksen, Getty & White
GRÖSSE 465 Quadratmeter
VERKEHRSANBINDUNG RTT: Brown Line B bis Edgwick, Red Line bis Clark/Division; Bus: 11, 22, 36, 72, 135, 136, 151, 156
ZUTRITT kein Zutritt

Krueck und Olsen 1985

Erweiterung eines viktorianischen Stadthauses 61

Gold Coast und Old Town

Krueck und Olsen 1985

Firmenhauptsitz der Playboy Enterprises

Das erste, was man sieht, wenn man aus dem Fahrstuhl der eleganten und modernen Penthouse-Büros des Playboy Firmensitzes kommt, ist eine riesige Bronzeskulptur eines Bunny-Kopfes, Richard Hunts Interpretation des berühmten Firmenlogos. Die phantastische, schwungvolle, 9 Meter hohe Lobby bekommt Halt von einem frei gestalteten Empfangsschalter, bestehend aus einem mondgrauen und mit Sandstrahl behandelten, elliptischen Aufsatz aus Anden-Granit auf wellenförmig gegossenen Zementfüßen. Der Eingangsbereich der Fahrstühle wurde mit einem exotischen, warmen, afrikanischen Holz, das gewaschener Seide ähnelt, verkleidet und dient als Ausgleich für die kühlen Terrazzoböden, in die Bänder aus Edelstahl eingelegt sind.

Das zentrale Atrium, ein langer Gang, der sowohl Hauptknotenpunkt als auch eine Galerie für die Kunstsammlung des Playboy ist, ist mit einem manierierten und luxuriösen, violetten Teppich ausgelegt. Ein 50 Meter langes Oberlicht im zweiten Stockwerk läßt Sonnenlicht herein, das von gebogenen Edelstahlmarkisen und aeronautisch geformten Soffittenlampen aus Stahl in den hinteren Bürobereich gelenkt wird. Ein großes Gemälde mit lächelnden, purpurroten Lippen von Tom Wesselman hängt am Ende einer der Terrazzo-Treppen, während drehbare, perforierte Metallflossen weitere Kunstobjekte zur Schau stellen und Arbeitsbereiche von den öffentlich zugänglichen Bereichen abtrennen. Der größte Teil des Bürobereiches ist offen und frei, nur die Büros der leitenden Angestellten sind mit klaren, durchsichtigen Wandplatten von dem langen, rechtwinkligen Atrium abgetrennt.

ADRESSE   680 North Lake Sjore Drive
BAUHERR   Playboy Enterprises, Inc.
BAUINGENIEUR   Kolbjorn Saether & Associates
GRÖSSE   9 300 Quadratmeter
VERKEHRSANBINDUNG   RTT: Red Line bis Grand/State oder Chicago/State; Bus: 3, 29, 56, 65, 66, 120, 121, 157
ZUTRITT   kein Zutritt

Himmel Bonner Architects 1989

Firmenhauptsitz der Playboy Enterprises 63

Gold Coast und Old Town

Himmel Bonner Architects 1989

Stahl- und Glashaus

Mies van der Rohes rechtwinkliges Haus aus Glas und Stahl war der Ausgangspunkt für Krueck und Olsens erstes gemeinsames Projekt. Beide wurden in Chicago (ITT) ausgebildet, und beide haben viele von Mies' Idealen ehrfürchtig übernommen, jedoch ihre eigene besondere Note hinzugefügt.

Das Haus besteht aus einem zweigeschossigen Stahlskelett (ein vorfabriziertes System aus Stahlträgern und Winkeln), es hat einen U-förmigen Grundriß und eine Grundfläche von etwa 500 Quadratmetern auf einem 20 x 38 Meter großen Eckgrundstück. Die flache Ebene der Stahlgitter wird durch schmale, rote Metallstreifen, die den Linien des Gitters folgen, hervorgehoben. Um ein privates Ambiente zu schaffen, sind dem Zentrum des Gebäudes (mit Zugang zu den restlichen Räumen) eine Reihe paralleler Zonen vorgelagert. Die runde Auffahrt, die teilweise hinter einer mit Eisen durchsetzten Ziegelsteinmauer verborgen ist, führt hinauf zu der industriell gestalteten Fassade. Eine Wand aus U-Bahn-Gitter dient zur Abschirmung der Rückseite des zylindrischen, mit Glasziegeln umbauten Treppenhauses. Spektakulär ist die nächtliche Beleuchtung der Fassade mit einer durchgehenden Neon-Reklame. Der Eingang befindet sich auf der Westseite des Hufeisens, und gleich neben der Lobby liegen eine Garderobe, die Garage mit der Schlafzimmer-Suite der Eigentümer im zweiten Stock darüber sowie eine Treppe, die vom ersten Stock zum Fitneßraum im Untergeschoß führt. Das Zentrum des U-förmigen Grundrisses bildet das 21 x 6,5 Meter große Wohnzimmer.

Durch die verwendeten Materialien unterscheiden sich die vier Außenwände des Hauses: Vorder- und Rückfront bestehen aus Glas- und die Seitenwände aus Metallplatten, die in dieser dicht besiedelten Umgebung Sichtschutz bieten. Die Südwand des Eßzimmers besteht vom Boden bis zur Decke aus Glas mit Blick auf den kleinen Hof und läßt Tageslicht auf ein wunderbares Wandgemälde von Richard Long fallen, das die Rückwand vollständig bedeckt. Das gesamte Haus wird derzeit mit zeitgenössischer Kunst eingerichtet, inklusive einer Skulptur von Claes Oldenburg und Collagen von Barbara Kruger.

Krueck und Olsen 1985

Stahl- und Glashaus 65

Gold Coast und Old Town

Krueck und Olsen 1985

Stahl- und Glashaus

Die Räume des Hausmeisters, Küche und Eßzimmer belegen den Ostteil des Gebäudes im Erdgeschoß; darüber befinden sich ein Gästeschlafzimmer, Badezimmer und ein Arbeitsraum, hinter dem sich eine Bar verbirgt. Ein heller Gang aus Stahl und Glasziegeln über dem Eßzimmer verbindet die beiden Gebäudeflügel.

Die Oberflächen im Inneren sind glatter und aufwendiger als die kühle Fassade. Grautöne, Kastanienbraun und dunkle Grüntöne werden mit Materialien wie Marmor, Samt und lackierten Hölzern kombiniert. Dieses Stahl- und Glashaus ist zugleich präzise und sinnlich in seiner Eleganz, ein befriedigender, moderner Ausgleich zwischen Urbanität und Häuslichkeit.

ADRESSE   1949 North Larrabee
BAUINGENIEUR   Gullaksen & Getty
GRÖSSE   280 Quadratmeter
VERKEHRSANBINDUNG   RTT: Brown Line bis Armitage; Bus: 8, 11, 37, 73
ZUTRITT   kein Zutritt

Krueck und Olsen 1985

Stahl- und Glashaus 67

Gold Coast und Old Town

Krueck und Olsen 1985

Haus mit Erker

Das Bemerkenswerteste an diesem kleinen Stadthaus, das in ein 7 Meter breites Grundstück gezwängt wurde und ein Tribut an die Kunst der Ausschmückung und die Chicago School darstellt, ist der große Erker an der Vorderseite des Gebäudes.

Die Struktur der Außenmauern wird durch das Mauerwerk gebildet, für das „Chicago Common" – glatt geschliffener, roter Ziegelstein – verwendet wurde; die Frontfassade dient als bescheidener Hintergrund für die wunderbare, geometrische Form des Erkers in ihrer Mitte, dessen Rahmen aus gegossenem, metallähnlichem Fiberglas besteht, in welchen plane und gekrümmte Glasflächen eingesetzt wurden. Das Ornament beruht auf einem viktorianischen Muster aus Kreisen in einem Quadrat, das Sullivan in seinen frühen Arbeiten verwendete und das in der Umgebung des Lincoln Park weit verbreitet ist, ebenso wie der glatte Ziegelstein. Die Ausschmückung wird in drei verschiedenen Größen auf dem Gesims und den Fensterstürzen wiederholt. Ähnliche dekorative Kreise erscheinen in dem Eisenzaun. Auch im Inneren des Hauses taucht dieses Motiv immer wieder auf. Für den Kamin und die Küche wurden Fliesen aus denselben Gußformen verwendet, und sogar der Entwurf der Innenräume beruht frei auf diesem Motiv.

Im vorderen Teil des Erdgeschosses befindet sich ein Gästezimmer und im hinteren ein Kinderspielzimmer, das in den Garten hinausgeht. Durch den Erker fällt Tageslicht in das Wohnzimmer, und zusammen mit der 3 Meter hohen Decke wird so ein luftiges und offenes Ambiente geschaffen.

ADRESSE   1873 North Orchard Street
BAUINGENIEUR   Beer Gorski & Graff
GRÖSSE   300 Quadratmeter
VERKEHRSANBINDUNG   RTT: Brown Line bis Armitage; Bus: 8, 73
ZUTRITT   kein Zutritt

Nagle, Hartray & Associates 1986

Haus mit Erker 69

Gold Coast und Old Town

Nagle, Hartray & Associates 1986

Stadthäuser in der Schiller Street

Nagle, Hartray & Partner erhielten den Auftrag zu diesem Projekt, nachdem der Auftraggeber ein Haus sah, das sie 1985 in Lincoln Park (1852 North Orchard Street) entworfen und gebaut hatten und das der Prototyp für das Projekt an der Schiller Street wurde. Diese Stadthäuser aus Ziegelstein sind auf das ruhige Wohngebiet der Schiller Street ausgerichtet und liegen an der Ecke der stark befahrenen LaSalle Street. Es ist eine Übung, die das ausdrucksvolle Potential der Wiederholung herausstellt, denn alle fünf Häuser haben denselben Grundriß und dieselbe Fassadengestaltung.

Die Garage und der Haupteingang weisen in nördliche Richtung, so daß der Garten nach Süden geht. Eine rhythmische Reihe von zweigeschossigen Erkern steht symmetrisch aus der mit flachen, grauen Ziegeln verkleideten Fassade hervor und befindet sich über den Auffahrten. Diese Zylinder enthalten zwei gebogene Gitter mit Glasfenstern, die in Kalkstein eingesetzt wurden. Diese Verwendung kühner Formen erinnert an die Wohnhäuser der dreißiger Jahre im Stil der Chicagoer Moderne, allerdings unter Hinzufügung von Glasbausteinen, Geländern aus Röhren und Toren aus Metall. Im Erdgeschoß befinden sich Versorgungseinrichtungen, die Garage, der Eingang und der Vorraum zum Garten. Wohn- und Eßzimmer sowie die Küche liegen im zweiten Stock, der einen zweigeschossigen, inneren Zentralbereich mit Oberlicht hat, durch das Tageslicht einfällt. Im obersten Stockwerk sind – um den Lichthof herum gruppiert und über eine Brücke zu erreichen – die Schlafzimmer untergebracht.

ADRESSE   141-149 West Schiller Street
BAUINGENIEUR   Beer Gorski & Graff
GRÖSSE   325 Quadratmeter je Wohneinheit
BAUKOSTEN   1,66 Millionen Dollar
VERKEHRSANBINDUNG   RTT: Red Line bis Clark/Division, Brown Line (B Stop) bis Sedgwick; Bus: 11, 22, 36, 135, 136, 145, 146, 147, 156
ZUTRITT   kein Zutritt

Nagle, Hartray & Associates 1988

Stadthäuser in der Schiller Street 71

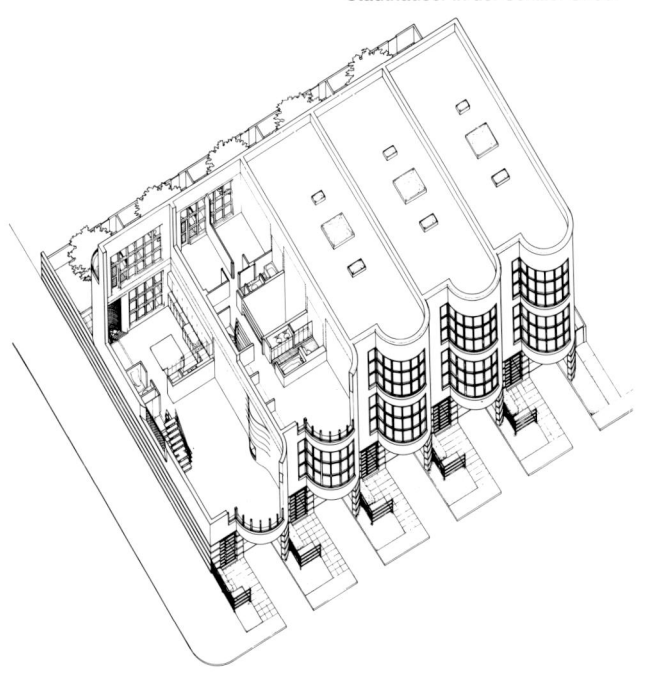

Gold Coast und Old Town

Nagle, Hartray & Associates 1988

River North

Hard Rock Café	74
Commonwealth Edison Substation	76
Hauptsitz der American Medical Association	78
Wohnhäuser am Fluß	82

Hard Rock Café

Eine riesige E-Gitarre dreht sich an der Ecke des Parkplatzes des Hard Rock Cafés um ihre Achse – man befindet sich nun im Tacky Theme Park, Chicago. Um fair zu sein: Das Hard Rock wurde etwa acht Jahre vor der offiziellen River North Corridor Gimmick Invasion gebaut. Heute erscheint seine Fassade, einer Orangerie nachempfunden, wirklich seriös. Damit es mit dem benachbarten Umspannwerk, der originellen neo-georgianischen Commonwealth Edison Substation, in einem stilistischen Zusammenhang steht, weist das Café toskanische Proportionen und Fenster im neopaladianischen Stil auf. Alle Maße für Säulengebälk, Säulenfuß, Gußformen, kleinere Säulen und Fenster des Gebäudes wurden von dem Umspannwerk aus dem Jahr 1929 übernommen. Grün gestrichene Gitter zieren die Fassaden und verstärken den Eindruck eines großen Treibhauses aus dem 18. Jahrhundert.

Es gibt drei Gebäude jüngeren Datums in diesem Gebiet, das unter anderem schon Heimstätte für das Rock-'n'-Roll-McDonalds sowie Ed Debevics und Oprah Winfreys Eccentric Restaurant ist, was eine Enklave Disney-inspirierter Architektur schafft. Direkt neben dem Hard Rock Café liegt das beunruhigendste von allen neuen Gebäuden, Capones Chicago, ein einzelner, polychromer Kasten, der dazu dient, den Gangster unsterblich zu machen. Die Fassade ist in hellem Gelb und Blau gestrichen und stellt denkbar geschmacklose, gerahmte Porträts zur Schau. Das neue, vollkommen unmögliche Planet Hollywood, ein Stück weiter die Straße hinauf, stellt Palmen aus Plastik, Markisen in Grün und Pink, umherschweifende Scheinwerfer und ein riesiges, knalliges Godzilla-Poster zur Schau.

ADRESSE   63 West Ontario Street (Ecke North Derborn Street)
GRÖSSE   1 100 Quadratmeter
VERKEHRSANBINDUNG   RTT: Red Line bis Grand/State; Bus: 15, 22, 29, 36, 65, 135, 136, 156
ZUTRITT   Mo-Do 11.00-24.00 Uhr, Fr 11.00-01.00 Uhr, Sa 10.30-01.00 Uhr, So 11.00-23.00 Uhr

Tigerman Fugman McCurry 1985

Hard Rock Café 75

River North

Tigerman Fugman McCurry 1985

Commonwealth Edison Substation

Einige Jahre nachdem das Hard Rock Café in Anlehnung an dieses alte Umspannwerk entworfen wurde, wurden die Rollen vertauscht, und das neue Umspannwerk, welches das alte ersetzte, erhielt Design-Vorgaben vom Hard Rock Café. Dieser doppelte, gegenseitige Austausch führte zu zwei benachbarten Gebäuden mit ähnlichen Bezugssystemen und einer engen kontextuellen Beziehung.

Für das neue Gebäude wurden Bauteile des alten Gebäudes wiederverwendet, und es weist auch stilistische Ähnlichkeiten mit ihm auf. Medaillons und eine Plakette der alten Fassade ebenso wie Teile des alten Eisenzauns werden in Tigermans Entwurf hervorgehoben. Die Elemente Pilaster und Giebel aus Indiana-Kalkstein sind nicht an die Fassade geklebt, sondern im Mauerwerk verankert. Der einzige Hinweis auf die industrielle Nutzung dieses Gebäudes sind die großen, mechanischen Abzugsöffnungen, die sich anstelle von Glas in den Fensterumrandungen aus Kalkstein befinden. Der Bauauftrag forderte unter anderem, daß das Gebäude wartungsfrei sein sollte. Deshalb haben die Architekten beschlossen, kompakte, stabile FBX-Ziegel, im Kreuzverbund gemauert, zu verwenden.

Adresse   600 North Dearborn Street (Ecke West Ontario)
Bauherr   Commonwealth Edison
Bauingenieur   Beer Gorski & Graff
Größe   3 100 Quadratmeter
Verkehrsanbindung   RTT: Red Line bis Grand/State; Bus: 15, 22, 29, 36, 65, 135, 136, 156
Zutritt   kein Zutritt

Tigerman McCurry 1989

Commonwealth Edison Substation 77

Tigerman McCurry 1989

River North

Hauptsitz der American Medical Association

Bei diesem modernistischen Gebäude sticht die eindrucksvolle Verwendung des leeren Raumes ins Auge: ein quadratisches, vier Stockwerke hohes Stück Wolkenkratzer wurde unterhalb der Spitze dieses 30 Stockwerke hohen, trapezförmigen Towers herausgeschnitten. Als eine vornehme, praktische Umsetzung von Gordon Matta-Clarks Arbeiten – insbesondere „Day's End" und „Conical Intersect" (beide aus dem Jahre 1975) –, bei denen Matta-Clark große, geometrische Formen aus bestehenden Gebäuden herausschnitt, soll das Loch im Hauptsitz der American Medical Association dazu dienen, das Gebäude zu einem leicht identifizierbaren Wahrzeichen zu machen. Eine so kraftvolle Manipulation des Raumes macht das Projekt nicht nur einzigartig, sondern auch aufregend und provozierend. Die Entfernung eines Kubus aus einem außerhalb der Mitte liegenden Abschnitt des oberen Gebäudeteils erzeugt eine Zweideutigkeit des Maßstabes und ist eine aussagekräftige, architektonische Geste, die den Betrachter zwingt, die Struktur als eine eigenständige, volumetrische Form anzuerkennen.

Die AMA besitzt acht Gebäudeblöcke mit einer Gesamtfläche von etwa 48 600 Quadratmetern im River North-Gebiet. Der Firmenhauptsitz ist die erste Phase eines ehrgeizigen Stadtentwicklungsprojektes, mit dessen Ausarbeitung für das gesamte Gelände Kenzo Tange & Partner (die sich selbst Städtebau-Architekten nennen) beauftragt wurden und das Tanges erste große, kommerzielle Unternehmung in den Vereinigten Staaten ist.

Das neue Gebäude ist das erste eines geplanten Paares, und beide wurden von vorneherein trapezförmig angelegt, um „das Gefühl für den Raum zu maximieren und die optische Kluft zwischen beiden zu minimieren", wie der Bauherr es werbewirksam formulierte.

Die Struktur des Fundaments besteht aus einem Stahlrahmen, und der Turm selbst ist eine Stahlbeton-Konstruktion. Eine Außenwand aus Glas und Aluminium erhebt sich elegant von der gesprenkelten Granitbasis; die Gestaltung der Umgebung nimmt den spitzwinkligen Grundriß des Gebäudes auf. In der großzügigen Lobby stehen

Kenzo Tange Associates 1990

Hauptsitz der American Medical Association

Hauptsitz der American Medical Association

Bonsai-Bäume und eine wundervolle, klare Trennwand aus Bruchglas, die die Reihe der Fahrstühle voneinander trennt.

Da laut Bauauftrag Raum für öffentliche Ausstellungen zur Verfügung gestellt werden sollte, beherbergt die AMA eine der drei Galerien des Chigaco Athenaeum, eines unabhängigen, internationalen Architekturmuseums. Diese Stiftung wurde 1988 gegründet, und eines ihrer erklärten Ziele ist es, die Öffentlichkeit über gutes Design aufzuklären. Sie hätten keinen angemesseneren Ort dafür wählen können.

ADRESSE 515 North State Street (Ecke Grand Avenue)
BAUHERR Amercian Medical Association in einem Joint-venture mit Buck Company und Miller-Klutznick-Davis-Gray and Company
AUSFÜHRENDER ARCHITEKT Shaw & Associates, Inc.
BAUINGENIEUR Cohen Barretto Marchertas, Inc.
VERKEHRSANBINDUNG RTT: Red Line bis Grand; Bus: 15, 29, 36, 65
ZUTRITT Foyer und Galerie frei

Kenzo Tange Associates 1990

Hauptsitz der American Medical Association 81

River North

Kenzo Tange Associates 1990

Wohnhäuser am Fluß

Diese vornehmen Stadthäuser, mit einer in Betrieb befindlichen Zugbrücke auf der einen Seite und erhöhten Schienengleisen auf der Rückseite, liegen an einem der interessantesten und stimmungsvollsten Orte Chicagos. An diesem Abschnitt eines berühmten Flußufers, gegenüber von Wolf Point, wurde Chicagos erster Bahnhof errichtet. Er wurde 1848 fertiggestellt und war die Endstation der Galena und Chicago Railroad. Güterzüge transportierten damals Getreide aus dem gesamten mittleren Westen zu diesem Ort, wo es auf Schoner verladen und flußabwärts verschifft wurde. Noch immer sind stillgelegte, reizvolle Gleise zu sehen, halb begraben unter Wegen und dem Gebüsch und dem Gelände. Boote, die unter der alten, aber intakten Zugbrücke der Kinzie Avenue hindurchfahren, tragen zu der Stimmung bei.

Die Wohneinheiten am Fluß sind ein Bauprojekt, an dem der Architekt Harry Weese, der ursprünglich selbst beabsichtigte, in einem dieser Häuser zu wohnen, ein persönliches Interesse hatte: Hier konnte er dem langgehegten Wunsch nachgehen, sich mit nautischen Motiven auseinanderzusetzen und sie in Architektur umzusetzen.

Die Wohneinheiten, symmetrisch um einen Baum herum gebaut, bestehen aus vier luxuriösen Wohnungen in zwei verbundenen Gebäuden, von denen zwei eine Fläche von 410 Quadratmetern auf sechs Stockwerken und die anderen beiden jeweils 205 Quadratmeter auf fünf Stockwerken haben. Die langen und engen Etagen aller vier Wohnungen sind sowohl mit Treppen als auch mit einzelnen Fahrstühlen verbunden. Der Eingang im Erdgeschoß befindet sich auf der North Canal Street, doch sind alle vier Einheiten auf den Fluß hin ausgerichtet. Die Innenräume der Gebäude, von denen man einen beeindruckenden Ausblick auf die Skyline von Chicago hat, blieben unvollendet, damit die Käufer sich so einrichten konnten, wie es ihnen beliebte, was jedoch nicht den erwarteten Erfolg hatte, obwohl die Häuser sehr schnell verkauft wurden. Offensichtlich hätten die Käufer fertige Innenräume vorgezogen. Laut vorgeschlagenem Plan, dem die meisten Einheiten folgen, liegen Wohnzimmer, Eßzimmer und Küche im Erdgeschoß, die Schlafzimmer der Hausbesitzer im ersten, zusätzliche Schlafzimmer im zweiten, ein Arbeitszimmer im dritten und ein Dachgeschoß im

Harry Weese & Associates 1990

Wohnhäuser am Fluß 83

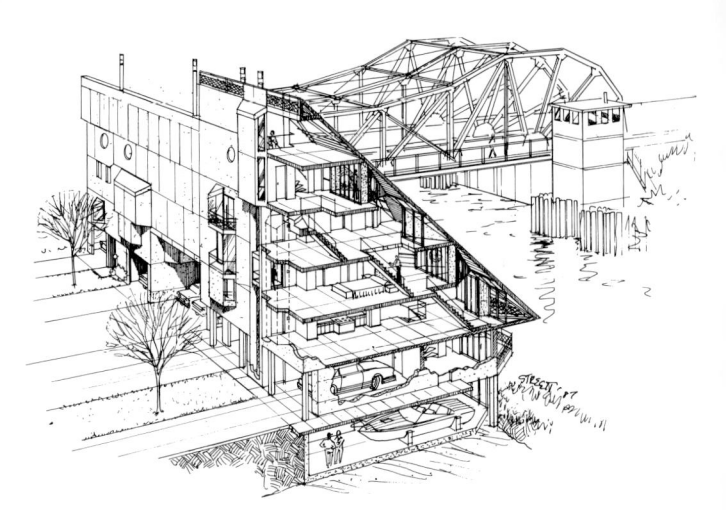

River North

Harry Weese & Associates 1990

Wohnhäuser am Fluß

vierten Stockwerk. Jede dieser stark abgeschrägten Einheiten besitzt dreieckige Balkone, Wendeltreppen, mit grünem Metall ausgekleidete Terrassen, Oberlichter und Dachfenster, die von Schonersegeln, Schiffstauwerk und Aussichtsposten inspiriert wurden. Die kurzen, freistehenden Wendeltreppen betonen im Kontrast zu den strengen Winkeln des geneigten Daches die faszinierende, avantgardistische Fassade. Dieses komplizierte Gebäude, umgeben von Pappeln, Silberahorn und blühenden Holzapfelbäumen, paßt gut zu seiner idealen Lage und ist ein perfekter Zufluchtsort.

Die Außenfassade der ersten drei Stockwerke besteht aus Kunstharzputz, während die geometrische, obere Hälfte der Struktur aus Stahl und Glas gebaut wurde. Die gesamte Struktur scheint wie ein Ausleger an die Betonbrandwand gehängt zu sein. Freiliegende Stahlstreben werden über den Obergeschossen der beiden kürzeren Häuser sichtbar – sie durchschneiden wie ein Gitternetz Dach, Fenster und Terrassen und scheinen die ganze Konstruktion zusammenzuhalten.

In diesem erst vor kurzem neubelebten Gebiet gibt es etwas weiter den Fluß hinunter ein weiteres Projekt von Harry Weese & Partner (1981 fertiggestellt): 345 North Canal Street. Das Fulton House Condominium Building ist ein umgebautes Lagerhaus, das ursprünglich für die North American Cold Storage Company gebaut wurde und dessen dicke Mauern heute Wohnhäuser beherbergen.

ADRESSE   357-365 North Canal Street
BAUHERR   Harry Weese
BAUINGENIEUR   Harry Weese und Seymour Lepp & Associates
GRÖSSE   1 360 Quadratmeter
BAUKOSTEN   2,5 Millionen Dollar
VERKEHRSANBINDUNG   RTT: Brown Line und Purple Line Express bis Merchandise Mart; Bus: 16, 37, 41, 44, 56, 61, 125
ZUTRITT   kein Zutritt

Harry Weese & Associates 1990

Wohnhäuser am Fluß 85

River North

Harry Weese & Associates 1990

Near North und Streeterville

North Pier	88
Anbau der Northwestern University Law School	92
Onterie Center	94
NBC Tower	96

North Pier

Dieses massive, aus roten Ziegeln und Holz errichtete Lagerhaus mit einer Fläche von annähernd 42 000 Quadratmetern wurde von Christian Eckstorm entworfen und 1920 nach einer Bauzeit von 15 Jahren fertiggestellt. Das Pugh Lagerhaus (benannt nach dem Immobilienmakler James Pugh) diente ausschließlich der Präsentation von Großhandelswaren und war der Vorläufer des gewaltigen Merchandise Mart und des American Furniture Mart. Die Umwandlung des alten Lagerhauses war das erste Projekt des Cityfront Center-Komplexes, und die erste Bauphase bei der Umgestaltung des Geländes zur Wiederverwendung schloß die Umleitung der Straße entlang des Lake Shore Drives ein, um den Zugang für den Autoverkehr zu erleichtern.

North Pier, wie es heute genannt wird, ist in ein modernes und beliebtes Einzelhandels- und Bürozentrum umgewandelt worden. In den drei unteren Stockwerken (etwa 18 000 Quadratmeter) befinden sich kleinere Läden und Restaurants, während in den verbleibenden vier oberen Stockwerken (etwa 24 000 Quadratmeter) Büroräume untergebracht wurden. Die Größe der Bodenplatten von 1 000 Quadratmetern legte die Größe der Geschäfte fest. Das gesamte Gebäude besteht im wesentlichen aus einer Reihe von sieben miteinander verbundenen Einheiten, jede von ihnen mit einer Fläche von 36 x 27 Metern. Dem Entwicklungsplan des Cityfront Centers entsprechend wurde der östliche Teil des Geländes einem Hochhaus mit Wohnungen zugewiesen, weshalb ein Teil des ursprünglich 275 Meter langen Warenhauses abgerissen wurde und es heute nur noch eine Länge von etwa 200 Metern aufweist.

Halbkreisförmige, dunkelgrüne Vordächer aus Stahl hängen über allen Eingängen an der Illinois Street; in die alten Öffnungen der Speichergebäude wurden Fenster eingesetzt, wobei die alten, in die Stahlträger eingestanzten Nummern erhalten blieben. Die Front zum Ogden Trockendock wurde mittels einer weißen Stahl- und Glasmauer bis ans Wasser herangezogen. Dekorative Ausgucke an beiden Seiten des aufgesetzten Promenadendecks betonen den nautischen Charakter, der die gesamte Anlage prägt. Cafés im Freien, ein Weg aus Holzbohlen und Docks für Bootstouren haben einen belebten Platz am Nordufer des Chicago River geschaffen.

Booth Hansen & Associates 1990

North Pier 89

Near North und Streeterville

Booth Hansen & Associates 1990

North Pier

Der Zugang zum unteren Einkaufsbereich des Piers erfolgt durch eine zentrale, dreigeschossige Rotunde, während Rolltreppen an beiden Enden der langen Anlage in runde Innenhöfe, die den Raum öffnen, eingepaßt wurden. Die Deckenbalken mußten mit einer dünnen Betonschicht überzogen werden, um den Lärmpegel zu senken, doch sind die mit Sandstrahl behandelten, weiß gestrichenen Holzarmierungen noch sichtbar. Die Originalpfosten wurden durch Betonpfeiler mit Kapitellen aus Ziegelsteinen verstärkt und vervollständigen, zusammen mit der verbleibenden massiven Holz- und Ziegelstruktur, die rauhe, maritime Szenerie.

Um das Neue hervorzuheben und einen Kontrast zu bestehenden Holzstrukturen herzustellen, haben die Architekten überwiegend Elemente aus Metall hinzugefügt. Perforierte oder polierte Metallplatten, freiliegende Klemmen, Fensterpfosten aus Stahl und sogar die ursprünglichen Bodenplatten aus Edelstahl wurden im gesamten Innenbereich verwendet, und dieses Industrievokabular wird noch durch die Ausstattung der Passagen mit Laternenpfählen, Abfallkörben und Geländern betont.

Beabsichtigte Farbtupfer beleben die Atmosphäre; eine riesige, runde Lampe, die im Zentrum des Gebäudes von der Decke hängt, wurde mit dem hellen North Pier-Motiv bemalt, das dann in den Bodenfliesen am Haupteingang wiederholt wurde. Dieses wellenförmige, maritime Design wurde auch in einige der metallenen Türgriffe eingearbeitet, was die Aufmerksamkeit zeigt, die in diesem Projekt der Gestaltung der Details zukam. Wirkliche Farbe bringen aber die Menschenmengen herein, die jeden Tag zu diesem sehr beliebten Ort strömen.

ADRESSE   435 East Illinois Street (Ecke North McClurg Court)
CO-ARCHITEKT/BAUINGENIEUR   The Austin Company
GRÖSSE   41 800 Quadratmeter
BAUKOSTEN   20 Millionen Dollar
VERKEHRSANBINDUNG   RTT: Red Line bis Grand/State; Bus: 29, 56, 65, 66, 120, 121
ZUTRITT   während der Geschäftszeiten

Booth Hansen & Associates 1990

North Pier 91

Near North und Streeterville

Booth Hansen & Associates 1990

Anbau der Northwestern University Law School

Das bestehende neugotische Gebäude, in dem die juristische Fakultät (1927 von James Gamble Rogers entworfen) untergebracht ist, ist mit einem zwölfgeschossigen Anbau erweitert worden, der mit grautgetöntem Glas und Aluminiumprofilen verkleidet ist. Die beiden Flügel des Komplexes werden durch einen fünf Stockwerke hohen Innenhof miteinander verbunden. Das Innere dieses Innenhofs stellt den originalen Kalkstein der Ostfassade neben die in Kaskaden verlaufende, neue Wand aus Aluminium und getöntem Glas. Dieser zentrale Raum wird eindrucksvoll von Brücken und einer recht großen, zentralen Treppe in Verlängerung des Eingangs durchschnitten. Das Raumprogramm für das neue Gebäude (auf einem unregelmäßigen, trapezförmigen Gelände) umfaßt sowohl das Hauptquartier der American Bar Association (ABA) als auch Einrichtungen der juristischen Fakultät: ein Auditorium mit 800 Sitzen, eine Bibliothek mit einer Kapazität von 600 000 Büchern, einen Gerichtssaal für Übungszwecke und drei Klassenräume.

Die ABA ist in dem Hochhausabschnitt des Erweiterungsbaus untergebracht und unterscheidet sich so allein der Form nach schon von dem viergeschossigen Anbau der juristischen Fakultät. Die Ornamente des alten Gebäudes werden durch Strebepfeiler aus Bruchstein an dem neuen Gebäude imitiert, was nur eines von zahlreichen Beispielen für den Erfolg der eleganten Synthese von Alt und Neu ist. Strikte Beachtung der Details trägt zu der Gestaltung des Gebäudes bei. Bedauerlich ist nur die Verwendung von dunklem, reflektierendem Glas für die Außenfassade, was zwar nachts reizend wirkt, tagsüber jedoch der Form des Gebäudes irgendwie nicht gerecht wird.

ADRESSE 357 East Chicago Avenue
GRÖSSE 33 000 Quadratmeter
BAUKOSTEN 25 Millionen Dollar
VERKEHRSANBINDUNG RTT: Red Line bis Chicago/State; 3, 15, 66, 125, 157
ZUTRITT zur Eingangshalle frei

Holabird & Root 1984

Anbau der Northwestern University Law School 93

Near North und Streeterville

Holabird & Root 1984

94 Onterie Center

Der verspielte Name Onterie – eine Kombination aus Ontario und Erie, den beiden Straßen, an denen dieses 60stöckige Hochhaus steht – ist das Bemerkenswerteste an diesem Gebäude, das die letzte gemeinsame Anstrengung des berühmten SOM-Teams von Architekt Bruce Graham und Ingenieur Fazlur R. Khan (verantwortlich für die Entwicklung des Sears Tower und des John Hancock Tower) darstellt und eindeutig im Stil der sechziger Jahre gehalten ist. Sie vermischten hier ein paar ihrer früheren, innovativen Wolkenkratzerentwürfe, u. a. Kreuzstreben aus Stahlbeton, die über die Fassade gezogen sind. Es ist ein nichtssagendes Gebäude, und kaum etwas kann seine veraltete Erscheinung wettmachen.

ADRESSE 446-448 East Ontario Street/441 East Erie Street
BAUHERR PSM International Corporation
GRÖSSE 102 000 Quadratmeter
VERKEHRSANBINDUNG RTT: Red Line bis Grand oder Chicago; Bus 3, 29, 56, 65, 66, 120, 121, 151, 157
ZUTRITT zur Eingangshalle frei

Skidmore, Owings & Merrill, Inc. 1989

Onterie Center 95

Near North und Streeterville

Skidmore, Owings & Merrill, Inc. 1989

NBC Tower

Das Hochhaus der National Broadcasting Company, das den äußeren Rand der Cityfront Plaza festlegt, war das erste Gebäude, das auf dem neuen, etwa 2 000 Quadratmeter großen Büro-, Einkaufs- und Wohnareal errichtet wurde. Es hat eine Fläche von 83 560 Quadratmetern und besteht aus einem Bürohochhaus mit 38 Stockwerken, von denen vier von Rundfunk- und Fernseheinrichtungen belegt sind. Auch andere Standorte, wie das Illinois Center oder das Gebiet hinter dem Quaker Tower, wurden von der NBC in Betracht gezogen, das Cityfront Center machte jedoch schließlich das Rennen.

Die Arbeiten an diesem Komplex, der an die Grand Avenue, das Ogden Slip Hafenbecken, den Chicago River, die Michigan Avenue und St. Claire Street grenzt, wurden 1985 begonnen und sind noch nicht abgeschlossen. Der Plan trägt den urbanen Belangen in viel höherem Maße Rechnung als das ältere Illinois Center und bezieht die Erholungsmöglichkeiten am Fluß mit ein.

Bevor mit den Bauarbeiten begonnen wurde, mußte das Gelände hergerichtet und die notwendige Infrastruktur geschaffen werden. Die North Water Street bekam einen neuen Verlauf, ebenso die Zufahrtswege der Service-Einrichtungen. Wichtig für die Einrichtung eines Marktes in der Anlage waren Passagen und eine bessere Erschließung für Fußgänger und Autoverkehr. Ein wichtiges urbanes Element des NBC Towers sind die Arkadengänge aus Marmor und Bronze, die sich durch das Erdgeschoß ziehen und von den Anwohnern genutzt werden, um der Kälte des Winters in Chigaco zu entgehen. Sie sind Teil eines Plans zur Schaffung eines inneren Systems von Fußwegen, das den Columbus Drive mit zukünftigen Gebäuden verbinden soll.

Der Entwicklungsplan für das Cityfront Center, aufgestellt von Cooper, Eckstut & Partner und dem SOM-Team, legte bestimmte Richtlinien fest, wonach das Gebäude in erster Linie aus Stein oder Mauerwerk bestehen sollte; die Abmessungen für die Rücksprünge der Außenfassade wurden bestimmt, und die Gestaltung der oberen zehn Prozent des Gebäudes sollte sich deutlich vom Rest unterscheiden. Die Rücksprünge entsprechen den Bauvorschriften von 1923 und stellen den Versuch dar, im

Skidmore, Owings & Merrill, Inc. 1989

NBC Tower 97

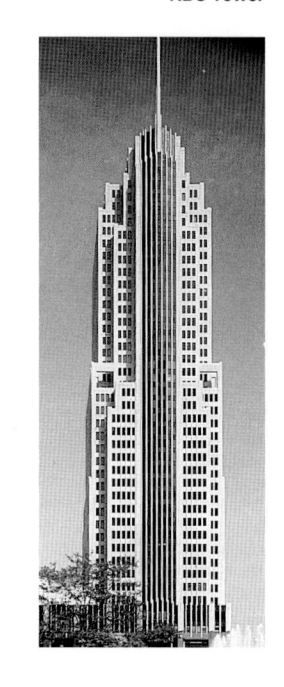

Near North und Streeterville

Skidmore, Owings & Merrill, Inc. 1989

NBC Tower

historischen Kontext zu bauen. Sie wurden ausgeführt auf einer Höhe von 80 Metern, der traditionellen Traufhöhe der Gebäude am Chicago River, und in Höhe des 20. Stockwerkes, wo der Tribune Tower ebenfalls einen Rücksprung hat.

Der NBC Tower nimmt Bezug auf das RCA Building (heute GE) im Rockefeller Center in Manhattan. Die Fassadenrücksprünge, die Betonung der eleganten, vertikalen Linien und Verwendung „klassischer" Materialien sind ein romantische Rückgriff auf die Wolkenkratzer der 20er und 30er Jahre; ebenso wird dem neugotischen Tribune Tower, 1923-1925 von Raymond Hood gebaut, Tribut gezollt, dessen bogenförmige Stützpfeiler im 21. Stock des NBC Towers imitiert werden. Diese Stützen haben jedoch eine Funktion innerhalb der Struktur, denn sie leiten die Last von der äußeren Stütze des höchsten Teils des Gebäudes auf die unteren Ebenen ab.

Das Skelett des Gebäudes besteht aus Gußbeton, die Außenfassade aus Indiana-Kalkstein, der an 2 600 vorgefertigten Betonplatten befestigt wurde; gemusterte, vorgefertigte Spandrillen wechseln sich mit getöntem Glas ab und betonen die vertikale Ausrichtung des Gebäudes. Eine Turmspitze aus Stahl ragt 40 Meter über das Dach hinaus in den Himmel, was eine Gesamthöhe von 183,5 Metern über dem Straßenniveau ergibt. Obwohl konservativ und reaktionär, ist dieses Gebäude dennoch gefällig und umgänglich. Vielleicht erscheint es vertraut, weil es eine romantische Mischung verschiedener, bereits traditioneller Fassaden ist oder einfach weil es als Erkennungszeichen des Channel 5 Nachrichtenprogramms ein abendlicher TV-Star ist.

ADRESSE   Cityfront Center, 200 East Illinois Street (Ecke North Fairbanks Court)
BAUHERR   Tishman Speyer Properties
GRÖSSE   102 000 Quadratmeter
BAUKOSTEN   65 Millionen Dollar
VERKEHRSANBINDUNG   RTT: Red Line bis Grand/State; Bus: 2, 3, 11, 29, 56, 66, 120, 121, 145, 146, 147, 151, 157
ZUTRITT   zur Eingangshalle und zu den Arkaden frei

Skidmore, Owings & Merrill, Inc. 1989

NBC Tower 99

Near North und Streeterville

Skidmore, Owings & Merrill, Inc. 1989

North Michigan Avenue

900 North Michigan Avenue	102
Barnett Apartment	106
Oilily	110
Boogies Diner	112
Banana Republic	114
City Place	116
Sony Gallery	118
Niketown	120
Terra Museum of American Art	122
Crate & Barrel	124

900 North Michigan Avenue

Die North Michigan Avenue wurde in den vergangenen sechzig Jahren einer ständigen Umwandlung unterzogen. Zu Beginn des Jahrhunderts war die Pine Street (ihr damaliger Name) Teil eines Wohngebiets der Mittelklasse, sie wurde im Rahmen von Daniel H. Burnhams „Großem Plan" für die Stadt (1909) zu einem Boulevard verbreitert und in Michigan Avenue umbenannt. Mit der Zeit wurde sie zu einer Geschäftsstraße, und gegen Ende des 2. Weltkriegs bekam dieses nobile Einkaufsgebiet den Spitznamen „Magnificent Mile". Als eine direkte Folge der sich wandelnden Bevölkerungsstruktur erfolgte eine kontinuierliche Kommerzialisierung und Vergrößerung in den 60er, 70er und 80er Jahren. Water Tower Place, ein monolithisches Warenhaus, 1976 errichtet (Architekten: Loebl, Schlossman, Dart & Hackl in Partnerschaft mit C.F. Murphy & Partner), war der Auftakt einer neuen Bebauung entlang der Avenue und gab den Ton an für die monströsen, senkrechten Einkaufszentren, die mittlerweile über die Michigan Avenue verstreut sind.

900 North Michigan Avenue erstreckt sich über einen kompletten Häuserblock, liegt etwas nördlich und auf der gegenüberliegenden Seite der Avenue vom Water Tower Place. Ein einfühlsameres Design als der Tower weist der achtstöckige Gebäudesockel dieser dreiteiligen Konstruktion auf: Die niedrige Höhe nimmt die gedrungenen Proportionen der Fassade auf Straßenniveau auf und soll ansprechend auf Passanten wirken. Die restlichen 58 Stockwerke sind zweimal eingerückt und enden in einem zentralen Bogen, der mit vier Eckpavillons und Laternen dekoriert ist, die sich markant von der Skyline abheben, wenn sie nachts erleuchtet sind. Cremefarbener Kalkstein, Granit und Marmor wurden mit hellgrünem Spiegelglas in einer vom Artdeco-Stil inspirierten Fassade kombiniert. Dekorative, vertikale Streifen, große Kreise und quadratische Muster verzieren das Gebäude von außen. Die allgegenwärtige, angeblich beruhigende Klaviermusik (ein Pianist ist ein unergründliches Muß für jedes vornehme Einkaufscenter) ist vernehmbar, wenn man den grandiosen, zweigeschossigen Eingangsbereich passiert, der sich in ein sechs Stockwerke hohes Atrium aus Marmor, poliertem Stahl und Bronze-Zierleisten öffnet. Das zweite wesentliche

Kohn Pedersen Fox 1989

900 North Michigan Avenue

North Michigan Avenue

Kohn Pedersen Fox 1989

Merkmal, das zur Atmosphäre beiträgt – ein Wasserbrunnen –, beherrscht das 1. Stockwerk.

Die von außen sichtbare, dreiteilige Komposition und das geometrische Thema wurden im Inneren des Gebäudes wieder aufgegriffen. Pfeiler, an deren Ende die Beleuchtung angebracht ist, betonen die Vertikalität des Raumes, während die kreisförmigen Messingornamente das verhaltene Ambiente ein wenig beleben.

Das Hochhaus wird oft Bloomingdale's Building genannt, weil Bloomingdale das wichtigste Geschäft darin ist und einen Teil der ersten sechs Stockwerke belegt. Das berühmte New Yorker Warenhaus ist im hinteren Teil des Gebäudes untergebracht, während Luxusboutiquen wie Gucci, Henri Bendel, Aquascutum und Charles Jourdan das Atrium säumen. Die Rolltreppen sind strategisch so plaziert, daß der Konsument an den hundert kleineren Geschäften vorbeigehen muß.

Über dem Geschäftsbereich befinden sich das Hotel Four Seasons, Büroräume und von der 48. bis zur 66. Etage Luxuseigentumswohnungen, die ihren Eingang mit dem Hotel auf der Delaware Street teilen, während die Büroräume über eigene Seiteneingänge auf der Walton Street zu erreichen sind.

ADRESSE 900 Michigan Avenue (zwischen East Walton Street und East Delaware Place)
BAUHERR JMB Urban Realty
CO-ARCHITEKT Perkins & Will
GRÖSSE 251 000 Quadratmeter
VERKEHRSANBINDUNG RTT: Red Line bis Chicago/State; Bus: 11, 15, 66, 125, 145, 146, 147, 151
ZUTRITT frei

Kohn Pedersen Fox 1989

900 North Michigan Avenue

Kohn Pedersen Fox 1989

Barnett Apartment

Dieses zweistöckige Haus wurde vorrangig für eine private Sammlung zeitgenössischer Kunst geplant und ist die private Kunstgalerie des Besitzers sowie sein Zweitwohnsitz in der Stadt. Der erste Schritt in der Planungsphase bestand darin, die Sammlung, die Radierungen von Miró, große Seidensiebdrucke von Warhol (darunter der berühmte „Marilyn"-Wandteppich) und farbenprächtige Flaggenbilder von Ronnie Cutrone enthält, zu fotografieren und zu dokumentieren. Die zwei Stockwerke dieses offenen Raumes (es gibt keine konventionellen Zimmer) bestehen nur aus Winkeln, Kurven, Durchgängen, Nischen und verputzten Wänden, an denen Bilder und Skulpturen hängen.

Das Appartement befindet sich über sechzig Stockwerke hoch im Nordost-Turm des 900 Michigan Avenue Building, direkt gegenüber vom John Hancock Tower, und der Blick über die Skyline ist einfach atemberaubend. Der Kontext der Stadt wurde als ein Kunstwerk von gleicher Bedeutung behandelt, und das Gittermuster des Stadtplans von Chicago findet sich im Muster des Bodens fortgeführt. Bodenplatten aus poliertem, schwarzem Granit mit einer Seitenlänge von 1,5 Metern und mit Zinkstreifen untereinander verbunden sind die luxuriöse Komponente in der im wesentlichen neutralen Palette des Appartements und schaffen einen Hintergrund für die Kunst. Ausgehend vom Eingang mit einer Nische, in der eine Skulptur von Beverly Mayeri („Realignment 1990") steht, entfaltet sich die Wohnung, neckt und reizt mit unterschiedlichen Ansichten der verschiedenen Kunstwerke, die den atemberaubenden doppelgeschossigen Fenstern gegenübergestellt sind. Den Mittelpunkt der Wohnung bildet eine Säule aus Beton (direkt in der Mitte des Atriums), die zu einer Kopie der Saturn-V-Rakete umgearbeitet wurde und einen Bezug zum Beruf des Eigentümers – Luft- und Raumfahrtingenieur – herstellt. Diese Rakete ist eine tragende Säule, die einen Aufzug für vier Personen aus Glas und Edelstahl trägt. Der Aufzug, mit industriell gefertigten, schachbrettähnlichen Edelstahlbodenplatten versehen, ist mit Kreuzstreben aus Stahl, die alle seitlichen Belastungen abfangen, an dem zylindrischen Schacht befestigt. Der Fahrstuhl aus Glas und die sich überlappenden Glas-

Hartshorne Plunkard, Limited 1992

Barnett Apartment 107

North Michigan Avenue

108 Barnett Apartment

scheiben in den Geländern des Obergeschosses erlauben einen ständigen Blick auf die Gemälde und die Stadt. Teile der Rakete sind durch viele der durchbrochenen Trennwände sichtbar.

Die zweite Etage des Appartements hat große, pneumatische Türen, die hinter gestalteten Wänden verborgen sind und die sich ausfahren lassen, um ein Schlafzimmer, ein Gästezimmer und ein privates Arbeitszimmer zu schaffen. Auch an diesen Wänden hängen Bilder, und sogar das Bad des Hausherrn wurde mit erlesenen, handgemachten Kacheln dekoriert, die speziell für dieses Projekt in Auftrag gegeben wurden.

Auch das Mobiliar besteht überwiegend aus Kunstwerken, einschließlich einer Ziffer aus Edelstahl von Ron Arad. Die Unterhaltungselektronik im ersten Stockwerk ist in einem Schrank untergebracht, der von Neraldo de la Paz bemalt wurde, damit er zu dem Gemälde einer Mondlandschaft von Kurt Frankenstein – „Bureaucratic Planet" –, das darüber hängt, paßt und es ergänzt.

Adresse   132 East Delaware (Eingang von 900 North Michigan Avenue)
Bauingenieur   Stearn-Joglekar, Limited
Größe   325 Quadratmeter
Verkehrsanbindung   RTT: Red Line bis Chicago/State; Bus: 11, 33, 66, 125, 145, 146, 147, 151, 153
Zutritt   kein Zutritt

Hartshorne Plunkard, Limited 1992

Barnett Apartment

North Michigan Avenue

Hartshorne Plunkard, Limited 1992

Oilily

Hier handelt es sich um eine rein geometrische Konstruktion, die von den Architekten als neo-plastische Landschaft bezeichnet wird und in der sich die zweidimensionalen Muster auf Boden, Decke und der Ladenfront mit der dreidimensionalen Ladeneinrichtung verbinden.

Die spielerische und farbenfrohe Erforschung geradliniger, vertikaler und horizontaler Strukturen macht dieses kleine Geschäft zu einer spaßigen und schicken Einrichtung. Schockierendes Pink, gelbe und blaue Körper erschaffen eine dreidimensionale Version eines Werkes von Mondrian. Schwebende, würfelförmige Regale sind asymmetrisch angeordnet, während feste Formen, auf Flächen reduziert, und runde oder quadratische Schäfte an Spielklötze aus dem Kindergarten erinnern. Die kräftigen Farben und strukturierten Oberflächen ergänzen die wilden, ethnischen Motive der Kleidungsstücke. Verschiedene Materialien erscheinen in denselben Farben und Mustern, gehen von der zweiten Dimension in die dritte über und fügen eine weitere Struktur hinzu.

Schmale, aufrechte Regale für Socken, Handschuhe und gefaltete Kleidungsstücke machen die horizontalen Formen wett. Es gibt keine einheitliche Höhe, denn jedes Stück der Auslage liegt auf einer anderen Ebene. Die Regale innerhalb der Vitrinen sind in der Höhe aufeinander abgestimmt und ausgerichtet und erzeugen so ein Gefühl der Ausgewogenheit. Der mit Epoxidharz gehärtete Boden hat das Muster eines abstrakten Gitters, das durch die rechtwinkligen Leuchten ergänzt wird und in die Trennflächen sowie die Kasse und das Mobiliar übergeht.

Adresse   900 North Michigan Avenue
Bauherr   Oilily
Größe   150 Quadratmeter
Verkehrsanbindung   RTT: Red Line bis Chicago/State; Bus: 6, 11, 15, 33, 66, 125, 145, 146, 147, 151, 157
Zutritt   frei

Florian-Wierzbowski 1988

Oilily 111

North Michigan Avenue

Florian-Wierzbowski 1988

Boogies Diner

Sprühende Primärfarben, zackige Raumteiler, Neon-Leuchtzeichen und ein industrieller Bodenbelag aus Vinyl verleihen diesem Modegeschäft mit angeschlossener Cafeteria eine flotte und schicke Atmosphäre. Helle Spots werfen ein künstliches, grelles Licht auf die zum Verkauf ausliegenden Lederjacken und Cowboystiefel im Erdgeschoß, während im Obergeschoß Gäste saftige Hamburger und besondere, geringelte Pommes Frites verzehren. Diese Chicagoer Filiale der Handelskette mit Hauptsitz in Aspen ist eine eklektische Mischung aus landestypischen Einflüssen, die auf Soda-Zapfhähne in Drugstores und Straßencafés der fünfziger Jahre zurückgehen. Dieser jugendliche, sehr angenehme Laden bemüht sich um eine clubähnliche Atmosphäre. Baseballmützen, die von Größen der Musik- und Filmszene signiert wurden, hängen in einer Reihe über dem langen Tresen und zeigen, wie erstrebenswert es ist, ein Teil der Menge im Boogie zu sein. Plärrende Musik aus der Juke Box rundet die lustige Party-Atmosphäre ab.

North Michigan Avenue

ADRESSE   33 East Oak Street (Ecke North Rush Street)
GRÖSSE   1 200 Quadratmeter
VERKEHRSANBINDUNG   RTT: Red Line bis Chicago/State; Bus: 11, 15, 22, 33, 36, 66, 125, 145, 146, 147, 151
ZUTRITT   frei

Himmel Bonner Architects 1990

Boogies Diner

North Michigan Avenue

Himmel Bonner Architecs 1990

Banana Republic

Dieses freistehende, zweigeschossige Häuschen – Robert Sterns erste Auftragsarbeit in der Innenstadt Chicagos – ist eine romantische Anlehnung an den Kolonialstil. Es beherbergt ein Bekleidungsgeschäft, dessen Inneneinrichtung Stern phantasievoll und exotisch mit der Jahrhundertwende nachempfundenen Stahlkonstruktionen ausgestaltete.

Mit Blei beschichtete Kupferplatten bilden das wie ein Faß gewölbte Dach, und die bronzene Aussenfassade ist mit Fensterrahmen aus Teakholz und imitierten tropischen Fensterläden versehen. An der Vorderseite finden sich wunderbare solide Bronzestäbe, die an zusammengebundene Bambusstangen erinnern. (Bündel aus echten, getrockneten Gräsern sind im Inneren verstreut.)

Der französische Kolonialstil prägt auch das Innere des Hauses, dessen Zentrum eine elegante Treppenkonstruktion aus Glas und Stahl ist. Die verwendeten Materialien haben warme Farben und sind luxuriös: Die weißen Eichengeländer sind mit Lederriemen umwickelt, und die Treppenstufen aus Verbundglas sind mit Lagen aus Reispapier umhüllt. Das Thema des Korbgeflechts aus überkreuzten Lederschnüren taucht immer wieder auf. Zwei Zeltplanen, mit Stahlseilen vertäut, überdachen den Kassenbereich.

ADRESSE 744 North Michigan Avenue
CO-ARCHITEKT Robert W. Engel von The Gap
BAUINGENIEUR Charles E. Pease Associates
GRÖSSE 1 330 Quadratmeter
VERKEHRSANBINDUNG RTT: Red Line bis Chicago/State; Bus: 3, 11, 15, 33, 66, 125, 145, 146, 147, 151, 157
ZUTRITT frei

Robert A. M. Stern 1991

Banana Republic

North Michigan Avenue

Robert A. M. Stern 1991

City Place

Ein merkwürdig flaches Gebäude ist das City Place, das in das schmale Eckgrundstück hineingezwängt werden mußte, und als Ergebnis des schmalen Grundrisses, der Länge des Baukörpers und der flachen und glatten Fassade sieht diese Konstruktion aus, als wäre sie in eine Form gegossen oder mit einem Tortenmesser zugerichtet worden. Die schlanke, gestreckte Form des Gebäudes machte ein neuartiges System für die seitliche Stabilisierung durch abgespannte Pfeiler erforderlich, um Eigenbewegung und Schwankungen des Gebäudes in Folge extremer Windbelastung zu unterdrücken.

In unmittelbarer Nachbarschaft zu dem weitaus auffälligeren Chicago Place – ein weiterer Komplex, der 1990 fertiggestellt wurde – ist City Place eine glänzende Kombination aus rotem Imperialgranit und blauem Spiegelglas. Die erkennbar aus drei Abschnitten bestehende Konstruktion – Basis, Schaft und Spitze – ist ein direktes Ergebnis der Vorgaben. Das Hyatt-Hotel, das besondere Suiten im Stil von Mies van der Rohe, Frank Lloyd Wright oder Charles Rennie Mackintosh anbietet, befindet sich zwischen dem 5. und dem 25. Stockwerk, von außen erkennbar an der großflächigen, rahmenlosen Verglasung. In den oberen zwölf Stockwerken, deren Fassade von durchgehenden Fensterbändern gekennzeichnet ist, befinden sich – entgegen der üblichen Praxis – Büroräume. Der Bogen auf der Gebäudespitze besteht fast nur aus Glas; der Durchmesser seines Gewölbes beträgt 21 Meter.

ADRESSE 678 North Michigan Avenue (Ecke East Huron Street)
BAUHERR Fifield Realty Corporation und VMS Realty Partner
BAUINGENIEUR Chris P. Stefanos Associates
GRÖSSE 44 780 Quadratmeter
VERKEHRSANBINDUNG RRT: Red Line bis Chicago/State; Bus: 3, 11, 15, 33, 66, 125, 145, 146, 147, 151
ZUTRITT kein Zutritt

Loebl, Schlossmann & Hackl 1990

City Place

North Michigan Avenue

Loebl, Schlossmann & Hackl 1990

Sony Gallery

Ein Gesamtbild nach allen Regeln der Kunst bietet dieser anspruchsvolle Spielzeugladen für Erwachsene. Das vierstöckige Gebäude ist ein einfacher Kalksteinbau, der von Fenstern in Stahlrahmen, die bis zum Boden reichen, und drei Vordächern im Marinestil, mit Kabeln im dritten Stock befestigt, durchsetzt ist. Der elegante Eingang mit einem schwarzen Granitboden und reflektierenden Edelstahleinlagen führt in einen Bereich mit einem Boden aus gebleichter Eiche, wo auf Sockeln aus gebürstetem Metall Sonys neueste Elektronikartikel präsentiert werden. Alle Artikel sind zum Einzelhandelspreis erhältlich, aber das Ziel hierbei ist, den Kunden die Elektronik in einer simulierten Life-Style-Umgebung erfahren zu lassen. Eine Heimkino-Vorführung im ersten Stock demonstriert Fernsehen in einer Wohnzimmer-Kopie, komplett mit Missoni-Teppich und Möbeln von Le Corbusier, in der die Hi-Fi-Anlage und die Lautsprecher hinter einer wunderschönen grauen, wellenförmigen Zimmerdecke aus Metall und Stoff verborgen sind.

Das in Boston beheimatete Architekturbüro Elkus Manfredi wählte eine neutrale Farbpalette, um die schwarzen und weißen Waren hervorzuheben und einzurahmen. Die ständig laufenden Videos liefern den farblichen Hintergrund, während halbdurchlässige, perforierte Metallvorhänge den Raum in verschiedene Produktbereiche einteilen. Eine zentrale, zweiteilige Treppe aus perforiertem Metall und Glas führt durch die runde Öffnung in der Decke in die zweiten Etage und erlaubt einen uneingeschränkten Rundblick.

ADRESSE   669 North Michigan Avenue
BAUHERR   Sony Corporation of America
BAUINGENIEUR   Weidlinger Associates, Inc.
GRÖSSE   930 Quadratmeter
VERKEHRSANBINDUNG   RTT: Red Line bis Chicago/State; Bus: 3, 11, 15, 33, 66, 125, 145, 146, 147, 151
ZUTRITT   frei

Elkus Manfredi Architects Limited 1991

Sony Gallery

North Michigan Avenue

Elkus Manfredi Architects Limited 1991

Niketown

Direkt neben der Sony Gallery liegt das Nike-Museum, eine Mischung aus Disneyland und Smithsonian Institute, Ruhmeshalle des Turnschuhs und der Verherrlichung aller Nike-Produkte gewidmet. Das grundlegende Konzept ist das eines extravaganten Geschäfts auf drei Stockwerken, Freiluftatmosphäre vortäuschend, und komplett mit Abdeckungen für Kanalschächte, Zementfußböden, Ziegelsteinmauern und Berieselung mit Naturklängen. Es ist weit weniger subtil als die Sony Gallery, wenngleich mit ebenso viel Liebe zum Detail gestaltet, und verspricht zudem eine Menge Spaß.

In der Lobby befindet sich das Nike-Museum mit einer Reihe von Titelblättern der *Sports Illustrated*, auf denen die Athleten zu sehen sind, die sich öffentlich zu Nike bekennen. Eine Statue von Michael Jordan und ein Paar seiner signierten Schuhe werden durch Plexiglas-Vitrinen ergänzt, mit Informationen über technologische Innovationen bei der Fitneß-Ausrüstung. Die Freizeitpark-Atmosphäre wird noch durch überdimensionale Deckenhänger verstärkt. Mein persönliches Lieblingsobjekt ist ein „Video-Teich" – neun Bildschirme, die im Boden installiert und mit einer schützenden Plexiglasscheibe abgedeckt sind und ständig Bilder von Wasser zeigen.

Neuartig, gewagt und interaktiv, sind beide Geschäfte, Sony und Nike, mit ihren Ausstellungskästen und Glasvitrinen für die Konsumenten zum Mittelpunkt der Magnificent Mile geworden.

ADRESSE   669 North Michigan Avenue (Ecke East Erie Street)
BAUHERR   Nike, Inc.
BAUINGENIEUR   Weidlinger Associates, Inc.
GRÖSSE   6 300 Quadratmeter
VERKEHRSANBINDUNG   RTT: Red Line bis Grand; Bus: 3, 11, 15, 33, 125, 145, 146, 147, 151, 157
ZUTRITT   Mo-Fr 10.00-20.00 Uhr, Sa 9.30-18.00 Uhr, So 11.00-18.00 Uhr

Gordon Thompson, III und die Designabteilung von Nike

Niketown 121

North Michigan Avenue

Gordon Thompson, III und die Designabteilung von Nike

Terra Museum of American Art

Diese Sammlung amerikanischer Kunst wurde 1980 eingerichtet und war ursprünglich in Evanston beheimatet; der neue Standort mit drei benachbarten Gebäuden wurde 1985 erworben. Man sanierte die Fassade von Nr. 664, dem Gebäude auf der Ecke, und verwandelte die Büroräume im Inneren in vier Etagen mit loftartigen Galerien. Das Nachbargebäude wurde vollständig umgebaut. Die Fassade aus weißem, mit grauen Linien durchzogenem Vermont-Marmor und einer eingesetzten, fünf Stockwerke hohen Glaswand ist für die Straße eine anspruchsvolle Ergänzung. Nachts erzielt die ellipsenförmige Beleuchtung am 5. Stock eine aufregende Wirkung.

Jenseits der behaglichen, hellen Mahagoni-Lobby ist das Gebäude eine riesige Enttäuschung. Der Entwurf ist verwirrend: Der Besucherverkehr scheint wichtiger als die angemessene Hängung der Bilder. Im Haus Nr. 666 führen breite und niedrige Rampen, denen schlecht zueinander passende Geschoßebenen und der vertikal ausgerichtete Ausstellungsraum gegenüberstehen, zu winzigen Ausstellungsräumen. Die Rampen, offensichtlich von Frank Lloyd Wrights Guggenheim Museum inspiriert, dienen hier nur dem Publikumsverkehr und nicht der Ausstellung von irgendwelchen Kunstwerken. Sollte das Haus Nr. 670 North Michigan Avenue schließlich benutzt werden, dann könnten die Rampen einen Mittelpunkt für den Publikumsverkehr darstellen, der alle Gebäude miteinander verbindet, was ein weitaus vernünftigeres Konzept wäre.

ADRESSE 666 North Michigan Avenue (Ecke East Erie Street)
BAUHERR Botschafter Daniel Terra
BAUINGENIEUR Beer Gorski & Graff
GRÖSSE 2 600 Quadratmeter
BAUKOSTEN 3,5 Millionen Dollar
VERKEHRSANBINDUNG RTT: Red Line bis Chicago/State; Bus: 3, 11, 15, 33, 66, 125, 145, 147, 151
ZUTRITT frei

Botth Hansen & Associates 1987

Terra Museum of American Art   123

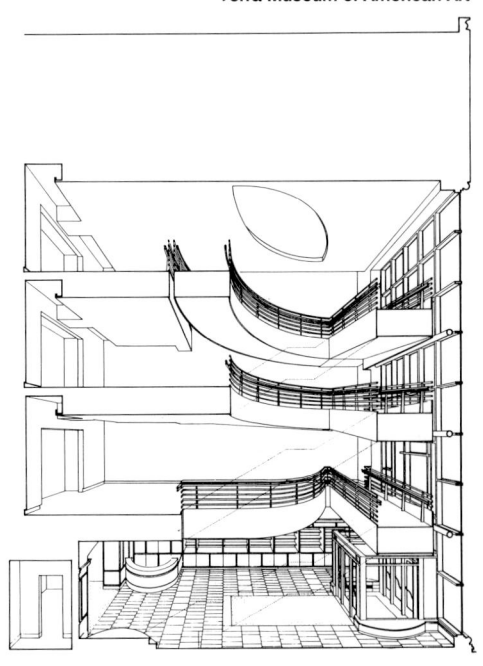

North Michigan Avenue

Botth Hansen & Associates 1987

Crate & Barrel

Die Konzernzentrale dieser Küchen- und Einrichtungskette hat eine glatte Aussenfassade als Ausdruck für die Produkte, die die Firma verkauft. Dieses dynamische Flaggschiff erinnert an moderne Küchengeräte und ähnelt einer gigantischen Küchenmaschine, die an der North Michigan Avenue steht. Das relativ kleine Gebäude ist ein glänzender, fünfstöckiger Kasten mit angefügter Rotunde, in der sich diagonal verlaufende Rolltreppen befinden, und der sich von den älteren und prachtvolleren, mit Mauerwerk verkleideten Nachbargebäuden abhebt.

Klarglas und weißglänzende, pulverbeschichtete Platten aus geripptem Aluminium ziehen sich als durchgehendes Fensterband um den Würfel mit einem zylindrischen Anbau, die im wörtlichen Sinne eine Kiste (crate) und ein Fass (barrel) darstellen.

Die Transparenz der mit Glas umschlossenen, lichtdurchfluteten Rotunde ist ein erfolgreicher Werbetrick: Der freie Blick nach oben verleitet Passanten dazu, zu den Auslagen der vier Geschäftsetagen aufzublicken. Der Eingang liegt direkt neben der Rotunde, in der sich die wichtigsten Transporteinrichtungen des Gebäudes, die Rolltreppen, befinden. Helle Wände aus gemasertem Kiefernholz und Eichenböden, über die natürliches Licht streicht, erzeugen eine entspannte Atmosphäre. Die Metapher „mittlerer Westen" wird bis auf die Straße fortgesetzt: Der Gehsteig besteht aus rautenförmig ausgegossenem und geglättetem Beton, der sich von der Bordsteinkante bis zur Außenfassade des Gebäudes erstreckt und im selben Muster, in Eiche, ins Gebäudeinnere übergeht.

ADRESSE 646 North Michigan Avenue (Ecke East Erie Street)
BAUINGENIEUR Chris P. Stefanos Associates
GRÖSSE 4 000 Quadratmeter
VERKEHRSANBINDUNG RTT: Red Line AB bis Chicago /State oder Grand; Bus: 2, 3, 11, 15, 29, 33, 65, 125, 145, 146, 147, 151
ZUTRITT frei

Solomon Cordwell Buenz & Associates 1990

Crate & Barrel   125

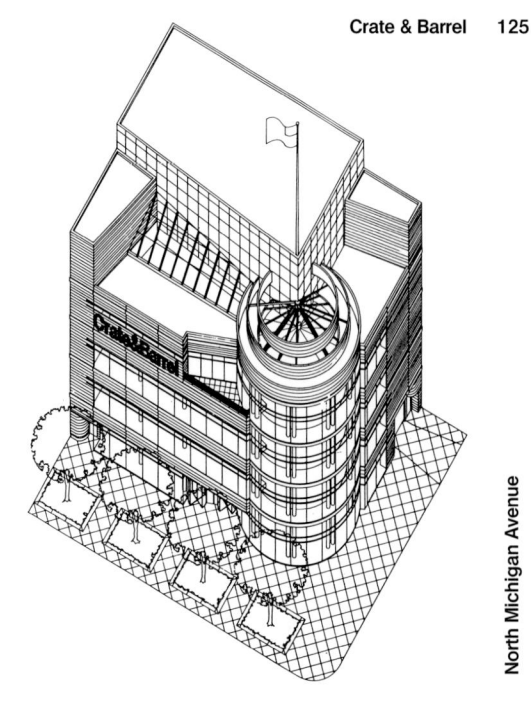

North Michigan Avenue

Solomon Cordwell Buenz & Associates 1990

East Loop

Das Associates Center	128
Garage für Selbstparker	132
Athletic Club, Illinois Center	134
Two Prudential Plaza	136
Hauptsitz der Leo Burnett Company	138
R. R. Donnelley Gebäude	140
Chicago Title & Trust Center	142
Thompson Center	144
Vivere	148
Ralph H. Metcalfe Federal Center	152
Daniel F. und Ada I. Rice-Gebäude	156
Galerie für japanische Wandschirme	158
Harold Washington Library	160

Das Associates Center

Das Associates Center (offiziell das Stone Container Building) war das neunte gemeinsame Projekt des Architekturbüros A. Epstein & Sons und des New Yorker Maklerbüros Collins Tuttle & Company. Da die Architekten zu dem Zeitpunkt, als sie den Bauauftrag für dieses Projekt bekamen, ohne entwerfenden Architekten waren, wurde Sheldon Schlegman zum Verantwortlichen für die Entwurfsplanung des Associates Center ernannt.

Der obere Teil des Gebäudes ist auf Burnham Harbor und das Seeufer des Grant Parks ausgerichtet, und die Basis des Gebäudes fügt sich in das bestehende Raster der Stadt ein. Schlegmans oberstes Ziel beim Entwurf war es, ein Gebäude zu schaffen, bei dem möglichst viele der oberen Büroräume einen Ausblick auf den See haben. Das Gelände, das Tor zum Loop, liegt an der Nord-West-Ecke von Michigan Avenue und Randolph Street. Der Durchgang in der Gebäudemitte erlaubt den Fußgängern, eine Abkürzung zu nehmen, was ungewöhnlich ist, da das Gebäude bereits auf der Ecke steht. Als Idee steht dahinter, daß die Spitze des Gebäudes den Übergang gestalten und nach Osten zeigen soll, um so Kraft und den Eingang der Randolph Street, früher ein Mekka des Nachtlebens, zu symbolisieren. Der Eingangsbereich wird durch eine farbenreiche, vertikale Skulptur von Yaacov Agam, „Communication x9", bestimmt.

Nach einer Untersuchung bestehender Abwassersysteme und Versorgungseinrichtungen (und nach Auftragserteilung durch die Stadt Chicago) wurde eine Fußgängerunterführung angelegt, die allerdings inzwischen gesperrt worden ist. Sie führte in Höhe der Michigan Avenue unter der Randolph Street hier durch und verband das Gebäude der 150 North Michigan Avenue mit der Illinois Central Railroad Station.

Das Associates Center hat 41 Stockwerke mit einer Gesamthöhe von 177 Metern; das obere Drittel wurde um 45 Grad gekippt. In der Aufsicht ähnelt die obere Hälfte einem Diamanten, der aus zwei geneigten Dreiecken besteht – laut Schlegman „eine Komposition aus zwei aufeinandertreffenden Kräften." Das schräge Atrium ist mit Facetten aus silbrig reflektierendem Isolierglas verkleidet, die Außenfasade abwech-

A. Epstein & Sons 1984

Das Associates Center

Das Associates Center

selnd mit Streifen aus weißen Aluminiumplatten, Spandrillen aus Polymeroberfläche, polierten Edelstahlzierleisten und dem Spiegelglas.

Das Gebäudeskelett besteht aus gehärtetem Stahlbeton und eingezogenen Etagendecken. Der zentrale Versorgungsbereich wurde asymmetrisch auf einer von Südosten nach Nordwesten liegenden Achse ausgerichtet. Obwohl man einen Rekord bei der Fensterfläche pro Quadratmeter im Innenraum aufstellte, erzeugt der gedrehte Versorgungsbereich zusammen mit der diagonal ausgerichteten Spitze des Gebäudes einige sehr ungünstig gestaltete Räume. Bei diesen Wohnräumen war die Planung des Innenbereiches besonders schwierig.

Bei näherer Betrachtung lassen die billigen Materialien und groben Details, zusätzlich zur unglücklichen, weißen Fassade, das Gebäude klinisch und kalt wirken. Es ist bedauerlicherweise ein schmuckloses Produkt.

Trotz dieser Defizite und der Tatsache, daß viel über die unvorteilhaften Proportionen dieses Gebäudes geschrieben worden ist (es sollte ursprünglich noch fünf Stockwerke höher werden), haben Zeit und Gewohnheit das Associates Center zu einem beliebten Teil der Skyline gemacht. Nachts erscheint der beleuchtete Diamant mit dem Schriftzug „Go Bulls" auf der etwas unbeholfenen Fassade wie ein dämlicher Verwandter: ein vertrautes, wenngleich klötzernes Wahrzeichen.

ADRESSE   150 North Michigan Avenue
BAUHERR   Collins Tuttle & Company
BAUINGENIEUR   A. Epstein & Sons
GRÖSSE   66 300 Quadratmeter
BAUKOSTEN   55 Millionen Dollar
VERKEHRSANBINDUNG   RTT: Orange Line und Purple Line Express bis Randolph/Wabash; Bus: 3, 4, 6, 56, 145, 146, 147, 151, 157
ZUTRITT   Eingangshalle und Durchgang frei

A. Epstein & Sons 1984

Das Associates Center 131

East Loop

A. Epstein & Sons 1984

Garage für Selbstparker

Von einer riesigen, bronzenen Kühlerfigur auf dem Giebel bewacht, steht dieser zwölfgeschossige Kühlergrill eines klassischen Cabriolets eng eingezwängt zwischen zwei Wolkenkratzern aus dem frühen 20. Jahrhundert. Das Ergebnis eines privaten Wettbewerbs zwischen drei Architekten ist ein wunderliches Beispiel für wirklichen Symbolismus. Die Außenverkleidung aus Metall mit stilisierten, emaillierten Kotflügeln ist im Türkis des 1957er Chevrolet gehalten. An der Fassade befinden sich zwei vorgefertigte, gewölbte Scheinwerfer aus Acryl als Verkleidung für Oberlichter und Stoßdämpfer sowie Vordächer aus schwarzem Vinyl, die Reifen und Profilen ähneln. In den beiden unteren Geschossen befinden sich Einzelhandelsgeschäfte; der Parkplatz bietet Platz für 199 Autos. Das i-Tüpfelchen ist das überdimensionale Autokennzeichen mit der Aufschrift SELF PARK.

Adresse   60 East Lake Street (zwischen Noth Wabash und North Michigan Avenue)
Bauherr   A. Ronald Grais und Hersch M. Klaff
Co-Architekt   Conrad Associates
Grösse   9 100 Quadratmeter
Verkehrsanbindung   RTT: Brown, Orange Line und Purple Line Express bis State/Lake; Bus: 2, 3, 6, 11, 16, 56, 145, 146, 147, 151, 157
Zutritt   frei

East Loop

Tigerman Fugman McCurry 1986

Garage für Selbstparker 133

East Loop

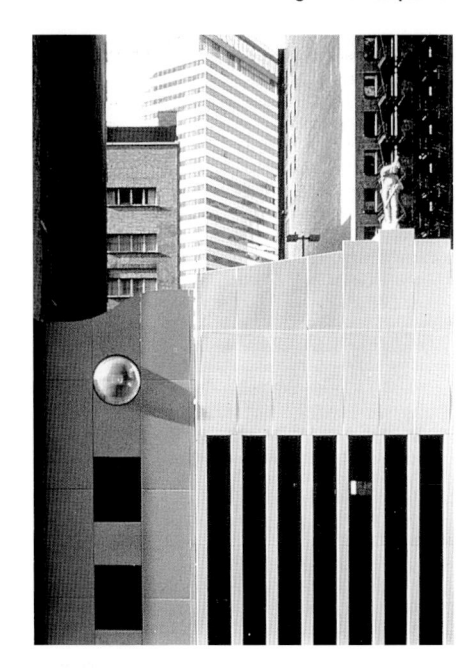

Tigerman Fugman McCurry 1986

Athletic Club, Illinois Center

Der Athletic Club kann, abgesehen davon, daß er die höchste Kletterwand (35 Meter) in Chicago hat und Michael Jordan angeblich Mitglied ist, für sich beanspruchen, das erste von Kisho Kurokawa entworfene Gebäude in Amerika zu sein. Die Sporthalle ist eine kleine, weiße Konstruktion, die fast von ihren Nachbargebäuden auf der dicht bebauten, 3,4 Hektar großen Mehrzweck-Immobilie, bekannt als Illinois Center, verschluckt wird. Das Illinois Center ist so groß, daß es offenbar mehrere Postleitzahlen hat! Es wurde 1967 von Mies van der Rohe geplant, mit den Bauarbeiten wurde 1975 begonnen, und sie werden voraussichtlich Ende der neunziger Jahre abgeschlossen. Es wurde um ein unglaublich verwirrendes, dreigeschossiges System von Straßen und undurchschaubaren Fußgängeranlagen herumgebaut und wirkt dunkel und überwältigend, gleichgültig gegenüber der Madison Avenue und dem Fluß und ist architektonisch uneinheitlich. Große, bedrückende Hochhäuserblöcke drängen sich um düstere Plätze. Die leichte und luftige Sporthalle des Athletic Club ist definitv ein Höhepunkt.

Nur zwei der sechs Stockwerke der Sporthalle sind von der Stetson Avenue sichtbar, die restlichen liegen unterirdisch. Die Außenwand besteht aus einer Verkleidung aus Aluminium und Glas, die in einem weißen, quadratischen Stahlrahmen sitzt. Der Haupteingang befindet sich auf der fünften Etage. Ein ungewöhnliches Kunstobjekt wurde auf dem Dach plaziert, wahrscheinlich um den Blick auf das versunkene Gebäude zu lenken: Auf Stahlsockeln stehen 5,1 Meter hohe, bewegliche Windskulpturen von Osamu Shingu.

ADRESSE   211 Northe Stetson Avenue
CO-ARCHITEKTEN   Fujikawa, Johnson & Associates
BAUINGENIEUR   CBW Engeneers, Inc.
VERKEHRSANBINDUNG   RTT: Brown, Orange Line und Purple Line Express bis Randolph/Wabash; Bus: 3, 4, 6, 56, 145, 147, 151, 157
ZUTRITT   privater Club; Besuch nach Voranmeldung

Kisho Kurokawa 1990

Athletic Club, Illinois Center

Kisho Kurokawa 1990

Two Prudential Plaza

Mit einer Höhe von 280 Metern ist „Two Pru" das zweithöchste Stahlbetongebäude der Welt. Im Design Helmut Jahns Wolkenkratzer an der One Liberty Place in Philadelphia (1987) ähnlich, handelt es sich um ein 63geschossiges Bauwerk mit winkelförmigen Absätzen und einer diamantenähnlichen Spitze, die im Vergleich zur Höhe zu stumpf erscheint. Es steht zwischen dem alten Prudential Plaza (ein 44geschossiges Gebäude im Stil Mies van der Rohes von Naess & Murphy, 1955) und dem sehr hohen Amoco Building (82 Stockwerke, 1973 fertiggestellt, von Edward Durell Stone und Perkins & Will, berühmt geworden, als sich eines Tages die Marmorverkleidung ablöste), und die Höhe des neuen „Pru" läßt es als eine logische, vertikale Fortführung erscheinen.

Der Bauplan schloß auch die Renovierung des alten Prudential Building, die Gestaltung eines 40 Ar großen, öffentlichen Platzes sowie eine Autogarage mit fünf Stockwerken ein. Die zwei Gebäude teilen sich ein gemeinsames Zwischengeschoß und sind durch zwei 5geschossige Innenhöfe verbunden. Der preisgekrönte Platz im Freien mit zwei Brunnen ist ein beliebter, begrünter Platz, dessen Betonkonstruktion auch als Überdachung für die Maschinerie des Komplexes dient.

Das neue Gebäude hat eine Außenverkleidung aus grauem und rotem Granit, der sich mit grauem Spiegelglas abwechselt. Das Motiv wiederholt sich bis zum Überdruß in der Eingangshalle und den Fahrstuhlreihen. 230 Außenleuchten, wirkungsvoll an den Rücksprüngen der Nord- und Südfassade und der abgewinkelten Gebäudespitze angebracht, erleuchten nachts effektvoll das Gebäude.

ADRESSE 180 Noth Stetson Avenue (Ecke Lake Street)
BAUINGENIEUR CBM Engeneers, Inc.
GRÖSSE 111 000 Quadratmeter
VERKEHRSANBINDUNG RTT: Brow, Orange Line und Purple Line Express bis Randolph/Wabash; Bus: 4, 60
ZUTRITT Eingangshalle und Plaza frei

Loebl, Schlossmann & Hackl 1990

2 Prudential Plaza

East Loop

Loebl, Schlossmann & Hackl 1990

Hauptsitz der Leo Burnett Company

Dieses Gebäude besitzt eine wirklich aufregende Konstruktion: ein Kranz aus Stahlstützen, der das ganze Gebäude umläuft, ein Kern aus gegossenem Stahlbeton und ein Rahmensystem, das die Stockwerke abstützt, was eine freie Spannweite von 13,7 Metern ermöglicht. Dieser weite Innenraum war eine Forderung des wichtigsten Mieters, der größten Werbeagentur Chicagos.

Das Gebäude ist im wesentlichen eine mit Steinplatten verkleidete Stahlkonstruktion und wirkt wie ein 50geschossiger Wolkenkratzer, der einen wenig schmeichelhaften, karierten Anzug trägt. Das schachbrettartige Muster aus Granit, das dieses freistehende Hochhaus bis zur Spitze bedeckt, stört die vertikale Ausrichtung, es verkürzt und verbreitert das Gebäude spürbar. Drei Stockwerke mit Mauergesimsen führen das Muster fort und ahmen die unteren Etagen des Gebäudes nach. Der grüne Granit wurde auf drei verschiedene Weisen bearbeitet – geflammt, poliert und geschliffen –, um in der Fassade ein Muster zu erzeugen. Ecken, Kanten und die unteren Stockwerke sind mit poliertem Granit verkleidet, und das dreigliedrige Muster der aufgesetzten Wandpfeiler wird abwechselnd von geschliffenem und geflammtem Stein gebildet. Die weit zurückgesetzten Fenster sind aus dunklem Spiegelglas und tragen zu der etwas bedrohlichen Wirkung bei. In der aufdringlich wirkenden Lobby aus rosa Marmor steht eine Skulptur von John Chamberlain, die, fehl am Platz, die Materialien im selben Ausmaß feiert, wie das Gebäude sie geringschätzt.

ADRESSE   35 West Wacker Drive (Ecke Noth Dearborn Street)
BAUINGENIEUR   Cohen Barreto Marchertas, Inc.
GRÖSSE   135 640 Quadratmeter
BAUKOSTEN   100 Millionen Dollar
VERKEHRSANBINDUNG   RTT: Brown, Orange Line und Purple Line Express bis State/Lake oder Blue Line bis Clark/Lake oder Red Line bis Washington; Bus: 2, 6, 11, 15, 16, 22, 24, 29, 36, 44, 62, 62 Express, 99, 99M, 125, 146, 162, 164
ZUTRITT   Eingangshalle frei

Kevin Roche-John Dinkeloo & Associates 1989

Hauptsitz der Leo Burnett Company 139

East Loop

Kevin Roche-John Dinkeloo & Associates 1989

R. R. Donnelley Gebäude

Aus der Entfernung betrachtet erscheint dieser auffällige Wolkenkratzer witzig, aber je näher man kommt, desto weniger komisch ist er. Der Spanier Ricardo Bofill leitete den Entwurf, und Stefano & Partner waren die Architekten dieses 50geschossigen Büroturms, der als moderner Klassizismus eingeordnet wird und in der Architektengilde nicht beliebt ist. Die abfälligen Bemerkungen darüber reichen von faschistisch bis trivial und einfältig!

Offensichtlich als riesige Säule gedacht mit Anklängen an Giottos Campanile der Kathedrale von Florenz, wollte Bofill mit seinem Turm „den Dialog zwischen dem steinernen Klassizismus und dem gläsernen High-Tech-Stil wiederbeleben". Pilaster aus weißem, portugiesischem Granit, Bögen und das Dach scheinen auf die Fassade geklebt worden zu sein, während silberne, reflektierende Glasfenster den glänzenden, unwirklichen Eindruck des Gebäudes noch verstärken. Das grüne Dach, inspiriert von den Proportionen klassischer Tempel, wird, der Mode entsprechend, nachts angestrahlt.

Der pompöse Gebäudesockel ist 12,8 Meter hoch und beherbergt einen vornehm proportionierten Innenhof. Riesige Skulpturen von Bofill aus weißem Marmor, die wie Bonbons aussehen, stehen vor einem wunderbaren Tàpies und weiteren Skulpturen von Xavier Corbero in der mit reichlich Marmor ausgestatteten Lobby, an deren Decke aus Eichenholz eindrucksvolle, ovale Kronleuchter hängen.

ADRESSE   77 West Wacker Drive
KOORDINIERENER ARCHITEKT   DeStefano & Partners
BAUINGENIEUR   Cohen Barreto Marchetas, Inc.
VERKEHRSANBINDUNG   RTT: Brown, Orange Line und Purple Line Express bis State/Lake oder Blue Line bis Clark/Lake oder Red Line bis Washington; Bus: 2, 6, 11, 15, 16, 22, 24, 29, 36, 44, 62, 62 Express, 99, 99M, 125, 146, 162, 164
ZUTRITT   Eingangshalle frei

Ricardo Bofill Taller d'Arquitectura 1992

R R Donnelley Gebäude

Chicago Title & Trust Center

Dieses Gebäude ist Teil eines Projektes in zwei Bauabschnitten; der Bau des zweiten geplanten Hochhauses ist jedoch verschoben worden, weil viele Räume des ersten noch leer stehen.

Der bisher vollendete Teil, ein hoher, weißer Monolith mit 55 Stockwerken, vermittelt den Eindruck, daß die Dekorationswut mit jemandem durchgegangen sein muß: Über die ganze Fassade sind willkürlich Ornamente verstreut worden – zuviel Zuckerguß für diesen senkrechten Kuchen. Das Gebäude ist solide gebaut und besitzt schöne Details, doch erzeugt die übermäßige Vielfalt an Zeichen, Mustern, Materialien (allein in der Hauptlobby wurde drei verschiedene Arten von Marmor verwendet) und Stilen, in Verbindung mit verwirrenden, asymmetrischen Flächen, ein unangenehmes Gefühl von Ruhelosigkeit. Die Außenfassade in sterilem, weißem Marmor, Glas und Metall hat (wenig einladend) mehrere Eingänge, die schief erscheinen, weil sie sich auf verschiedenen Ebenen befinden und vollkommen gegensätzliche Überdachungen haben.

Das Dach des Gebäudes ist mit drei Masten aus Glas und Metall ausgeschmückt, die mit Stahlbrücken verstrebt sind, die wiederum bis zu einem 21 Meter breiten Schacht an der Westfassade des Turms reichen. Ungleichmäßig, zu viel Design und, wie Blair Kamin im *Chicago Tribune* schrieb: „ ... es passiert einfach zu viel ...".

ADRESSE   161-171 North Clark Street
BAUHERR   The Limpro Company
GRÖSSE   213 700 Quadratmeter
VERKEHRSANBINDUNG   RTT: Brown, Orange Line und Purple Line Express bis Clark/Lake; Bus: 16, 22, 24, 36, 42, 44, 62, 135, 136, 156
ZUTRITT   Eintrittshalle frei

Kohn Pedersen Fox 1992

Chicago Title & Trust Center 143

Kohn Pedersen Fox 1992

Thompson Center

Dieses umstrittene Gebäude – es hieß ursprünglich The State of Illinois Center – wurde von dem republikanischen Gouverneur James R. Thompson in Auftrag gegeben und jüngst zu seinen Ehren umbenannt. Die Idee hinter diesem Projekt – Dreh- und Angelpunkt des Vorhabens, den Central Business District im North Loop-Gebiet auf einer Fläche von 1214 Ar neu zu bauen – war es, 56 verschiedene Staatsbehörden in einem zentralen Gebäude zu versammeln. Dreitausend Staatsangestellte arbeiten in dieser Mehrzweckeinrichtung, von der etwa 92 000 Quadratmeter Bürofläche für Regierungsbehörden und etwa 14 000 Quadratmeter für den Handel verwendet werden. Die Aufnahme von Geschäften und Galerien soll jene Menschen anziehen, die nicht ihren Führerschein verlängern oder ein Problem mit der Steuer klären müssen.

Das Thompson Center nimmt einen ganzen Straßenblock ein, seine unkonventionelle, massive Gestalt besteht im wesentlichen aus einem niedrigen, rechteckigen Kasten mit einer einzigen gewölbten und nach innen abgestuften Fassade und einem diagonal durchschnittenen Glaszylinder, der aus dem Dach herausragt. Diese Ablehnung der orthogonalen Ordnung durchbricht das kühl-rationale Gittersystem des Stadtzentrums von Chicago, indem es von der in Chicago vorherrschenden rechtwinkligen Blockbauweise abweicht. Auch wenn es ein eindeutiges Wahrzeichen und eine Touristenattraktion ist, so erscheint das Thompson Center doch unangenehm und unschlüssig. Die abstrakte Skulptur von Jean Dubuffet, „Monument with Standing Beast", an der Ecke von Randolph und Clark verkündet Stolz auf die eigene amorphe Gestalt und verspottet gleichzeitig den massiven, glitzernden Keil, den sie ergänzen soll. Die Wuchtigkeit des Gebäudes wird noch durch die in senkrechten Streifen verlaufende Außenverkleidung aus mehrfarbigem und verspiegeltem Glas verstärkt. Ursprünglich war eine Silikonverglasung vorgesehen, was die Fensterpfosten überflüssig gemacht hätte, doch angeblich schreckten die Bauunternehmer vor dem Haftungsrisiko zurück. Statt dessen bestimmt eine 0,76 m breite, vertikale Unterteilung die sich abwechselnden Elemente aus reflektierenden Glasplatten und Opalglasplatten auf Nord-, Ost- und Westfassade. Die gewaltige, stark von Linien durchzogene

Murphy/Jahn 1985

Thompson Center

East Loop

Murphy/Jahn 1985

Thompson Center

Außenfront verursachte anfänglich zahlreiche Probleme in Form extremer Temperaturschwankungen im Inneren des Gebäudes.

Für mich besteht das vorrangige und weitaus ernstere Problem dieses Gebäudes darin, daß Helmut Jahns gutgemeinte Pläne zur Wiederbelebung der Idee des öffentlichen Raumes die Übersetzung in ein tatsächlich errichtetes Gebäude nicht überlebt haben: die Verbindung von Idee und Ausführung war nicht erfolgreich. Diese Betonung der zentralen Lage der Regierungsbehörden und die Bedeutung von Offenheit im zentralen, piazza-ähnlichen Atrium wurden überall durch mangelhafte Details und Materialien verwässert. So gab es verständlicherweise viel Kritik an den verwaschenen Schattierungen der symbolischen Farben Rot, Weiß und Blau. Lachsrosa, Silber und Taubenblau altern schnell und mindern den Wert des Gebäudes. Das sich ständig bewegende Kaleidoskop, auf das man trifft, wenn man den Innenhof betritt, wird von diesen Farben trivialisiert, die bis zum Orangeton der Stahlträger fortgeführt worden sind, die die Außenfassade und das Dach mit einem Kreuzmuster verbinden. All das, zusammen mit der freiliegenden Mechanik der Rolltreppen, den reflektierenden Glasplatten und dem sich drehenden, rosettenartig gemusterten Boden aus Marmor und Granit erzeugt sofort ein Schwindelgefühl. Vielleicht ist dem Gebäude zumindest eine realistische Darstellung des chaotischen Durcheinanders in der Bürokratie gelungen – ein Beitrag also zur „Wahrheit in der Architektur"!

ADRESSE an North Clark, North LaSalle, West Lake und West Randolph Street
BAUHERR State of Illinois Capital Development Board
CO-ARCHITEKT Lester B. Knight & Associates
GRÖSSE 179 000 Quadratmeter
BAUKOSTEN 172 Millionen Dollar
VERKEHRSANBINDUNG RTT: Brown, Blue, Orange Line und Purple Line Express bis Clark/Lake; Bus: 22, 24, 42, 135, 136, 156
ZUTRITT öffentlich

Murphy/Jahn 1985

Thompson Center   147

East Loop

Murphy/Jahn 1985

Vivere

Sinnliche Spiralen in gedämpften, rostfarbenen Tönen erzeugen ein magisches, neobarockes Ambiente in diesem wundervoll renovierten Restaurant. Alle verführerischen Flächen und verlockenden Objekte – Tischgeschirr und Besteck, Türgriffe, Stühle, Wände, Tische – wurden von dem Star-Designer Jordan Mozer entworfen, der bei jedem Abschnitt des Entwurfs und der Ausführung beteiligt war und somit die alte Tradition des Baumeisters wieder aufleben ließ. Da Mozer direkt mit den Handwerkern zusammenarbeitete, ließ er praktisch alles im Vivere in Handarbeit herstellen. Seine Arbeitsmethode besteht mitunter darin, daß er seine Skizzen auf Originalformat vergrößert und dann die Handwerker direkt nach diesen Zeichnungen arbeiten läßt.

Das überall präsente Spiralmotiv wurde von einem Detail im ursprünglichen Raum (bekannt als Florentine Room) inspiriert und soll als Symbol für die italienische Barockarchitektur dienen, was angemessen ist, denn das Vivere, als das dritte von drei Restaurants im selben Gebäude, dem Italian Village, bietet eine köstliche Auswahl von Feinschmeckergerichten regionaler und saisonaler italienischer Küche an und ist für sein Weinangebot bekannt. Die Spirale symbolisiert die Geschichte des Restaurants, das vor drei Generationen, 1927, von einem italienischen Einwanderer eröffnet wurde, auf seine Kinder übertragen wurde und derzeit von seinen Enkelkindern geführt wird.

Überall auf den zwei Ebenen des langen und schmalen Raumes zeigt sich diese bedeutungsvolle Spirale. Der geschwungene Eisenpavillon hinter dem Mahagonieingangstor bereitet den Weg für endlose kurvige und pralle Formen. Vier Meter lange, von innen beleuchtete Korkenzieher aus Kupfer hängen von der Decke herab, und in der Mitte des hinteren Teils des Hauptraumes befindet sich ein Kronleuchter von 2.5 Metern Durchmesser mit einer eingearbeiteten Spirale aus Bleiglas, der angeblich von einer Firma für Flugzeugnasen hergestellt wurde. Die Stühle, Barhocker und Nischen schließen mit Rundungen ab, und die Bar weist ebenfalls eine Spiralform auf.

Jordan Mozer & Associates 1990

Vivere 149

East Loop

Jordan Mozer & Associates 1990

Diese vollen, organischen Formen werden durch prächtige Wandoberflächen, Mosaikböden und farbige Glasscheiben ergänzt. Vorhänge aus Seide hängen über schmalen Spiegeln an den Wänden, deren Struktur aus Streifen verschiedenfarbigen Putzes besteht, die mit Zuckerguß-Spritzbeuteln aufgetragen wurden. Besonders reizvoll sind die wie Schneckenhäuser geformten Leuchter aus handgeblasenem Glas in Kupferfassungen. Dramatik und Theatralik sind hier angemessen; Opernstars und Opernfreunde der nahen Lyric Opera haben dieses Restaurant schon immer besucht.

ADRESSE 71 West Monroe Street (zwischen South Dearborn und South Clark Street)
BAUHERR die Capitanini-Familie
GRÖSSE 510 Quadratmeter
BAUKOSTEN 980 000 Dollar
VERKEHRSANBINDUNG RTT: Red und Blue Line bis Monroe; Bus: 1, 7, 22, 24, 36, 42, 60, 62, 126, 129, 130, 151
ZUTRITT Mo-Sa 11.00-14.30 und 17.00-21.45 Uhr

Jordan Mozer & Associates 1990

Vivere 151

East Loop

Jordan Mozer & Associates 1990

Ralph H. Metcalfe Federal Center

1988 wurde ein Wettbewerb für Architekten, Makler und Bauunternehmer für dieses Bundesgebäude ausgeschrieben. Es ist das erste Bauwerk, das unter der Schirmherrschaft eines neuen Programms der General Service Administration, einer Regierungsbehörde für Immobilienverwaltung, steht. Das Design-Build-Programm hat wirtschaftliche Vorteile, da private Makler dafür verantwortlich gemacht werden, ein Gesamtpaket zu festen Kosten abzuliefern. Zur Projektbeschreibung gehörten der Standort, das Design, die Konstruktion, die langfristige Finanzierung und die garantierte Belegung ebenso wie ein ungewöhnlicher Eigentumsvertrag: Nach dreißig Jahren regelmäßiger monatlicher Mietzahlungen geht das Gebäude in den Besitz der Regierung über.

Das Interessante und Unerwartete an dieser Vereinbarung bestand darin, daß der Standort des Gebäudes Bestandteil der Ausschreibung war. Besitzverhältnisse schränkten die Grundstücksauswahl ein, und es war wohl eher dem Glück, weniger der Planung zu verdanken, daß das Gebäude schließlich in unmittelbarer Nähe zu drei anderen Bundesgebäuden im Chicago Federal Center gebaut wurde, was eine kleine, zentralisierte Enklave von Bundesbehörden schuf. Der siegreiche Entwurf sollte die von Mies van der Rohe geprägten Formen der Umgebung, das Postgebäude und die nahegelegenen Dirksen und Klucynski Buildings, mit deren Bau Mies van der Rohe 1961 begonnen hatte und die 1974 fertiggestellt wurden, ergänzen.

Das neue Gebäude wurde nach dem US-Abgeordneten (und früheren Olympia-Star) Ralph Metcalfe benannt und beherbergt die Umweltschutzbehörde, das Landwirtschaftsministerium der USA, die Verwaltung der Sozialbehörde und das Ministerium für Wohnen und urbane Entwicklung.

Das hohe, rechtwinklige Gebäude wurde nach dem US-Abgeordneten verfügt auf 27 Stockwerken und einem Nebengebäude mit zwei Stockwerken über eine Bürofläche von 55 725 Quadratmeter und in seinem belebten Inneren sind Einrichtungen wie eine Cafeteria für die Angestellten, ein Tagesbetreuungszentrum, ein Fitneßclub und ein 840 Quadratmeter großer Konferenzraum untergebracht. Der ernsthafte und würdevolle, doch bescheiden wir-

Fujikawa, Johnson & Associates 1991

Ralph H. Metcalfe Federal Center 153

East Loop

Fujikawa, Johnson & Associates 1991

Ralph H. Metcalfe Federal Center

kende Büroturm hat, ähnlich wie die Nachbargebäude, eine 8,2 Meter hohe Lobby, und seine Außenwand und die Träger sind mit einem schwarzgrauen, geflammtem Granit verkleidet, der ein düsteres, modernistisches Ambiente erzeugt. Von der Struktur her ein einfaches System aus gegossenen und verstärkten Betonpfeilern und Platten, in dem abgespannte, in Ost-Westrichtung verlaufende Träger verwendet wurden, wurden einige ungewöhnliche Anforderungen an das Gebäude gestellt. Die Beschaffenheit des Bodens, auf dem das Gebäude steht, machte Senkkästen mit sehr großem Durchmesser (zum Teil 2,75 Meter) unter dem hohen Gebäudeteil notwendig. Der Bedarf an Computern und hochentwickelten Kommunikationseinrichtungen erforderte eine besonders hohe Anzahl an elektrischen Anschlüssen: Die Stockwerke haben pro 8,4 Quadratmeter Bürofläche eine Steckdose, verglichen mit dem Durchschnitt von einer Steckdose pro 16,3 Quadratmeter.

Im Sommer 1993 wurde ein Skulptur aus Stahl und Aluminium von Frank Stella aufgestellt, die die General Service Administration als Bestandteil ihrer Reihe „Kunst in der Architektur" (Budget: ein halbes Prozent der Baukosten) in Auftrag gegeben hatte.

ADRESSE   77 West Jackson Boulevard
BAUHERR   US General Services Administration und Stein & Company Federal Center, Inc.
BAUINGENIEUR   Cohen Berreto Marchertas, Inc.
GRÖSSE   74 300 Quadratmeter
BAUKOSTEN   95 Millionen Dollar
VERKEHRSANBINDUNG   RTT: Red Line bis Jackson/State oder Blue Line bis Jackson/Dearborn oder Brown, Orange Line und Purple Line Express bis La Salle /Van Buren; Bus: 1, 7, 22, 24, 42, 60, 62, 126, 129, 130, 151
ZUTRITT   Eingangshalle frei

Fujikawa, Johnson & Associates 1991

Ralph H. Metcalfe Federal Center 155

East Loop

Fujikawa, Johnson & Associates 1991

Daniel F. und Ada I. Rice-Gebäude

Das karge und historizistische Nebengebäudes des Kunstinstituts ist leicht zu vefehlen. Die spartanische Fassade aus Indiana-Kalkstein ist mit weniger Dekor und praktisch ohne Fenster im neoklassizistischen Stil gehalten. Versteckt an der Südecke des ursprünglichen Beaux-Arts-Gebäudes, wird das Nebengebäude von den Gleisanlagen der Illinois Central Railroad überschattet, und der Hauptzugang erfolgt durch das große, alte Gebäude, so daß die Frontseite des Nebengebäudes (die Südfassade) nur gelegentlich als Ausgang benutzt wird. Das Bauprojekt umfaßte die Renovierung des bestehenden Gebäudes (1987 fertiggestellt) und das Umsetzen des zentralen Kühlturms des Museums. Das dreistöckige Nebengebäude bietet Ausstellungs- und Lagerraum. Der innen gelegene Eingang zu den neuen Galerien liegt gegenüber dem alten Gebäude. Die Förmlichkeit des gesamten Designs wird durch die überall verwendeten ruhigen Farben unterstrichen. Im Mittelpunkt des Erdgeschosses befindet sich eine elegante, unverhohlen klassizistische, zweigeschossige Halle mit Oberlicht für Skulpturen, die von Säulengängen eingerahmt wird. In Längs- und Querrichtung schaut man in den umliegenden Galerien für amerikanische Kunst.

Die Struktur des Entwurfs wurde wiederholt als „Wärmflaschen"-Design bezeichnet, da Versorgungseinrichtungen in schmale Räume um den Gebäudekern herum gezwängt wurden und somit den Effekt einer Doppelwand schaffen. Mit größtem Respekt für die Ausstellungsstücke wurde dieses Nebengebäude im wahrsten Sinne des Wortes als ein Container für die kostbaren Objekte in seinem Inneren erbaut.

ADRESSE   Michigan Avenue (Ecke Adams Street)
BAUINGENIEUR   Cohen Barreto Marchertas, Inc.
GRÖSSE   12 000 Quadratmeter
VERKEHRSANBINDUNG   RTT: Brown, Orange und Purple Express Line bis Adams/Wabash; Bus: 1, 3, 4, 6, 7, 14, 60, 126, 129, 145, 147, 151
ZUTRITT   Mo, Mi, Fr 10.30-16.30 Uhr, Di 10.30-20.00 Uhr, Sa 10.00-17.00 Uhr, So 12.00-17.00 Uhr

Hammond, Beeby & Babka 1988

Daniel F. und Ada I. Rice-Gebäude 157

East Loop

Hammond, Beeby & Babka 1988

Galerie für japanische Wandschirme

Eine Mischung aus traditioneller japanischer Architektur und geometrischem Minimalismus kennzeichnet Tadao Andos erstes Bauprojekt in Amerika. Dieser Raum trägt seine Signatur und ist der letzte in dem jüngst renovierten, 1 535 Quadratmeter großen Flügel für chinesische, japanische und koreanische Kunst des Kunstinstitutes.

Der Zugang erfolgt durch Glastüren, die für eine angemessene Regulierung der Temperatur und der Luftfeuchtigkeit notwendig sind. Ein symmetrischer Wald aus sechzehn freistehenden, mit Öl versiegelten Eichenpfeilern, jeder mit einer Seitenlänge von 0,3 Metern und einer Höhe von 3 Metern, bildet direkt vor dem Eingang ein Gitter. Laut Ando „ ...versperren die Pfeiler den Blick des Betrachters, doch helfen sie, räumliche Tiefe und Resonanz zu suggerieren. Wenn der Besucher sich durch diesen Abschnitt des Raumes bewegt, ändern die Pfeiler ihre Beziehung zueinander. Manchmal überlappen sie sich und werden eins."

Die Vitrinen mit den Wandschirmen und den alten, mit Asche glasierten Tonkrügen winden sich wie ein L an der Rückseite und der rechten Wand entlang, was seltsam erscheint, jedoch mit Absicht so geschah. Die Wandschirme sind gegenständliche Metaphern für die Ausweitung des Raumes; durch die Teilung eines Raumes schaffen sie Privatsphäre, doch suggeriert die Kunst, die sie zeigen, räumliche Tiefe.

ADRESSE   The Art Institute of Chicago, South Michigan Avenue (Ecke East Adam Street)
CO-ARCHITEKT   Cone Kalb Wonderlick
BAUINGENIEUR   Knight Architects Engeneers Planners, Inc.
GRÖSSE   172 Quadratmeter
VERKEHRSANBINDUNG   RTT: Brown, Orange Line und Purple Line Express bis Adams/Wabash; Bus: 1, 3, 4, 6, 7, 14, 60, 126, 127, 145, 147, 151
ZUTRITT   Mo, Mi-Fr 10.30-16.30 Uhr, Di 10.30-20.00 Uhr, Sa 10.00-17.00 Uhr, So und an Feiertagen 12.00-17.00 Uhr

Tadao Ando Architect & Associates 1992

Galerie für japanische Wandschirme 159

Tadao Ando Architect & Associates 1992

East Loop

Harold Washington Library

Man kann sie entweder lieben oder hassen: Chicagos erste Zentralbibliothek ist in vielerlei Hinsicht ambivalent, nicht zuletzt in der Reaktion, die sie beim ersten Anblick hervorruft. Die größte kommunale Bibliothek Amerikas ist eine der größten öffentlichen Bibliotheken der Welt und wird nur von der British Library in London übertroffen. Kontroversen gab es von Anfang an: Um 1988 den Architekten zu bestimmen, wurde ein durch Ausgabe von Obligationen finanzierter Entwurfs- und Konstruktionswettbewerb veranstaltet, ein verhältnismäßig seltenes Vorgehen in den USA. Zeichnungen von 6 Teams wurden schließlich öffentlich ausgestellt.

Die Bibliothek ist nach dem ersten schwarzen Bürgermeister der Stadt benannt. Es ist bezeichnend, daß eines der wichtigsten Gebäude, das in den frühen 90er Jahren in Chicago errichtet wurde, ein öffentliches ist. Die Bibliothek beherbergt ungefähr 2 000 000 Leihbände auf 10 Etagen, die jeweils einem speziellen Themengebiet gewidmet sind. Darüber hinaus gibt es eine Probebühne, ein Sprachlabor, einen Hörsaal mit 385 Plätzen, einen Vorführraum für Videofilme, ein Restaurant und einen Buchladen. Trotz aller Vorzüge hat die Münze zwei Seiten: Es ist ja gut und schön, daß man inmitten einer posturbanen Umgebung dieses Büchermagazin – fast ein Heiligtum – erbaut hat; aber wurde auch nur ein einziger Gedanke auf die Funktionsweise einer modernen, zukunftsorientierten Bibliothek verwendet? Angesichts des rapiden Wandels der Informationstechnologien muß die Frage gestellt werden: Ist ein derartig der Vergangenheit zugewandtes Gebäude – sowohl architektonisch als auch funktionell – angemessen? Muß eine Bibliothek zwangsläufig ein Denkmal sein?

Das Gebäude hat Kritik aus jeder nur denkbaren Richtung hervorgerufen. Das Spektrum der Bezeichnungen reicht von Monster bis zum besten öffentlichen Gebäude der 60er Jahre. Der wichtigste Kritiker ist die Öffentlichkeit: Hier scheint die überwältigende Mehrheit begeistert zu sein.

Dieses monolithische öffentliche Gebäude wird zurecht für kühn und kraftvoll gehalten. Das den Beaux-Arts und dem Neoklassizismus verpflichtete Äußere ist von massivem Ausmaß, die grob behauene Granitbasis ragt fast bedrohlich über den Pas-

Hammond, Beeby & Babka 1991-1993

Harold Washington Library

East Loop

Hammond, Beeby & Babka 1991-1993

Harold Washington Library

santen empor. Die monumentalen Mauern werden betont und durch die 5 Stockwerke hohen Bogenöffnungen, in denen sich Fenster befinden, hervorgehoben. Von der 3. Etage an ist die Fassade mit dauerhaftem Rotziegel verkleidet (die gewohnte Farbe steigert noch den Eindruck des Soliden), wobei die Etagenhöhen außen durch horizontale Bänder aus Gußstein markiert werden.

Die Dekoration ist ein wesentlicher Teil des architektonischen Vokabulars dieser Bibliothek. Die Fassade ist mit Steinreliefs geschmückt, die Motive aus der Geschichte Chicagos zeigen. Die an antiken Tempelschmuck erinnernde Ornamentierung beginnt mit einem durchgehenden Mäanderband an der Basis, über dem verschiedene freiere Verzierungen angebracht sind. Gewaltige, aus Gußstein geformte Getreidehalme, Eichenblätter, Schwerter und Schilde, Ceres (ein in Chicago populäres Sujet, das auch das Board of Trade Building von 1930 ziert) und andere Erntesymbole bedecken das Äußere. In Höhe des 9. Stockwerks springt ein gigantisches Gesims mit einer durchgehenden Glaswand hervor, das von sieben überdimensionalen Wasserspeiern gekrönt ist. Entworfen und gestaltet von Kent Bloomer und Raymond Kaskey, sind diese Verzierungen aus der Ferne atemberaubend, doch wirken sie von nahem Disney-like und wie aus Plastik.

Die überzogenen Proportionen dieses Gebäudes und seiner Verzierungen sind auf unbestimmte Weise erdrückend. Es ist, als ob die riesenhaften Eulen vom Dach herabschießen und die winzigen Sterblichen am Fuße des Gebäudes verschlingen könnten.

ADRESSE   400 South Street zwischen West Congress und Van Buren
AUSFÜHRENDE ARCHITEKTEN   A. Epstein & Sons
GRÖSSE   70 600 Quadratmeter
BAUKOSTEN   144 Millionen Dollar
VERKEHRSANBINDUNG   RTT: Red Line bis Jackson/State; Bus: 2, 6, 11, 15, 29, 36, 44, 62 Express, 99, 99M, 146, 162, 164
ZUTRITT   Di-Do 9.00-19.00 Uhr, Fr-Sa 9.00-17.00 Uhr

Hammond, Beeby & Babka 1991-1993

Harold Washington Library

East Loop

Hammond, Beeby & Babka 1991-1993

West Loop

One Financial Place	166
Chicago Board Options Exchange	168
Savings of America Tower	170
Holabird & Root Offices	172
190 South La Salle Street	176
Chemical Plaza	178
Hauptsitz der Helene Curtis Corporation	180
Erweiterung von 222 North La Salle Street	182
181 West Madison Street	184
Chiasso	186
AT&T Corporate Center, USG Building	188
311 South Wacker Drive	192
Chicago Mercantile Exchange	194
333 West Wacker Drive	196
225 West Wacker Drive	200
Morton International Building	204
Northwestern Atrium Center	206
T. W. Best Newsstand	208
Presidential Towers	210

One Financial Place

Das Kernstück eines Gebäudetrios im Finanzviertel ist baulich und elektronisch mit dem prächtigen Art-deco-Gebäude der Chicagoer Warenbörse verbunden. Gemäß dem neuesten Stand der Technik wurden die benötigten Daten- und Telekommunikationseinrichtungen auf den gesamten Komplex verteilt.

Dieser neununddreißigstöckige, strukturalistische Stahlturm, der mit rotem Granit und bronzefarbenem Spiegelglas verkleidet ist, ruht auf der Halle und über den Gleisen des La-Salle-Street-Bahnhofs. In den Gebäudekomplex ist ein versteckt liegender Platz mit einem Springbrunnen und einer bronzenen Pferdeskulptur von Ludovico de Luigi integriert – eine Hommage an den Platz der Plätze, den Markusplatz in Venedig, mit dem dieser allerdings so gut wie nichts gemeinsam hat.

ADRESSE   440 South LaSalle Street
BAUHERR   Financial Place Partnership
BAUKOSTEN   62 Millionen Dollar
GRÖSSE   106 600 Quadratmeter
VERKEHRSANBINDUNG   RTT: Brown, Orange Line und Purple Line Express bis La Salle Van Buren;
Bus: 11, 37, 135, 136, 156
ZUTRITT   Eingangshalle frei und Plaza

Skidmore, Owings & Merrill, Inc. 1985

One Financial Place 167

West Loop

Skidmore, Owings & Merrill, Inc. 1985

Chicago Board Options Exchange

Dieses Gebäude, von den Insidern liebevoll CBOE genannt, beherbergt die expandierenden Einrichtungen der Chicagoer Warenbörse. Der von Arkaden umrahmte zehnstöckige Bau beherbergt ein ca. 4 100 Quadratmeter großes Börsenparkett und eine weitere stützenfreie Etage mit viel Raum für künftige Erweiterungen. Durch eine 1987 ergänzte Brücke, die die Chicagoer Warenbörse mit der CBOE (Terminbörse) verbindet, entstand die größte zusammengehörende Börse in den Vereinigten Staaten.

Dieser unverkleidete Stahlträger, der von einem großen Brückenpfeiler gestützt wird, dient, da Wege verkürzt werden, einem rationelleren Arbeitsablauf innerhalb des Unternehmens.

Auf der anderen Seite von One Financial Place gelegen, wird der Finanzkomplex von einer dritten Konstruktion ergänzt: der Midwest-Börse. Alle drei Gebäude sind mit rotem Granit verkleidet und haben Bronzeverglasung, wobei das CBOE-Gebäude wenige Fenster besitzt und so das Nichtöffentliche, Geheime betont.

ADRESSE   141 West Van Buren Street
BAUHERR   One Financial Place Partnership
GRÖSSE   32 300 Quadratmeter
VERKEHRSANBINDUNG   RTT: Brown, Orange Line und Purple Line Express bis La Salle von Buren; Bus: 41, 60, 157
ZUTRITT   kein Zutritt

Skidmore, Owings & Merrill, Inc. 1985

Chicago Board Options Exchange 169

West Loop

Skidmore, Owings & Merrill, Inc. 1985

Savings of America Tower

Eine Wölbung aus grauem Rauchglas, die sich über der La-Salle-Street erhebt, bekrönt ein außergewöhnliches, hervorstehendes, freitragendes Gitterwerk. Dieses architektonische Element geht in eine Leiter über und endet schließlich in einer Wand, die auf der viertelkreisförmigen Zinne sitzt, die die asymmetrisch arrangierte Fassade dieses schlanken, vierzigstöckigen Hochhauses ergänzt.

Als schönes Beispiel für Textur, Material und Form gehört es zu Helmut Jahns ausdrucksstärksten Gebäuden. Die gewölbte Eingangsgalerie, die ebenfalls nicht mittig plaziert ist, schmückt ein wundervolles 93 Quadratmeter großes Gewölbemosaik, *Flight of Daedalus and Icarus* (von Roger Brown), das sich über den Köpfen erhebt. Details der Gebäudegestaltung finden in dem Mosaik ihren Widerhall. Offensichtlich ist es hier zu einer Zusammenarbeit zwischen dem Architekten und dem Künstler gekommen. Es ist ein gelungenes Beispiel für ein in das Gebäude integriertes Kunstwerk.

ADRESSE 120 North LaSalle Street
BAUHERR Ahmanson Commercial Development, Mitsui & Co.
BAUINGENIEUR Martin/Lam, Inc.
GRÖSSE 37 000 Quadratmeter
BAUKOSTEN 48 Millionen Dollar
VERKEHRSANBINDUNG RTT: Brown, Orange Line und Purple Line Express bis Randolph/Wells und Blue Line bis Washington; Bus: 20, 23, 56, 127, 131, 136, 156, 157
ZUTRITT Eingangshalle frei

Murphy/Jahn 1991

Savings of America Tower

West Loop

Murphy/Jahn 1991

Holabird & Root Offices

Die 1880 gegründete Firma Holabird & Root ist eins der ältesten Architekturbüros Amerikas. Die Leitung des ursprünglich als Holabird & Roche gegründeten Büros ging in den späten 20er Jahren unseres Jahrhunderts auf die zweite Generation über. Der Firmenname wurde geändert, als John Root, dessen Vater Partner von Daniel Burnham gewesen war, an die Seite von Holabirds Sohn John trat. Sie waren sich zum Ende ihrer Studien an der Ecole des Beaux Arts in Paris begegnet und gingen nach Chicago zurück, um die etablierte Firma zu übernehmen. Die Architekten der Gründergeneration waren für ihre kraftvollen Gebäude im Stil der Chicagoer Schule bekannt. Zu ihren bedeutendsten Stahlrahmenkonstruktionen gehören das McClurg und das Old Colony Building. Die jüngeren Partner wurden mit spektakulären Artdeco-Gebäuden wie der Chicagoer Warenbörse und dem Palmolive Building sowie mit Bauten öffentlicher Institutionen wie dem großartigen Soldier Field berühmt.

Die Firmenleitung entschied kürzlich, ihre eigenen Büros zu renovieren, die in einem 70 Jahre alten Wohnblock untergebracht sind. Das Hauptziel war, den zentralen Lichthof optimal zu nutzen. Die Lösung bestand darin, eine Brücke aus Stahl und Glas in den offenen Raum diagonal einzuspannen. Die Arbeitswege der Mitarbeiter konnten so rationeller und die Arbeitsumwelt durch die funktionale Einbindung des Lichtes offener gestaltet werden. Der dynamische, „hängende Gehweg" führt vom Ausgang des Aufzugs hinüber zum Eingangsbereich. Da die Büros L-förmig angeordnet sind, können alle, die unter Höhenangst leiden, auch den längeren Weg, der um die Brücke herum führt, wählen.

Baukonstruktiv hängt die Brücke an ihrem Dach, wobei auslegerartige Träger die Last kompensieren und den Betonrahmen entlasten. Diese Träger sind mit zwei stahlverkleideten Betonstützen verbunden. In der Konstruktion sind Fertigbauteile eingebunden: Diese wurden mit einem Kran durch ein Fenster in die Büros befördert, zusammengebaut und mit einer Winde über dem Lichthof in Position gebracht.

Die Entwurfs- und Arbeitsbereiche der Architekten und Ingenieure sind funktional ausgerichtet. Die offenliegene Mechanik, die Stromkabel und Verteiler sind

Holabird & Root 1992

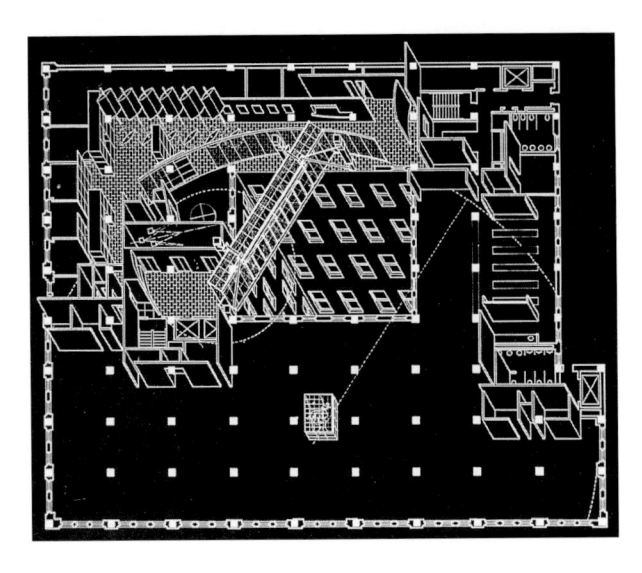

Holabird & Root Offices 173

West Loop

Holabird & Root 1992

Holabird & Root Offices

Anspielungen auf die Maschinenästhetik. Der Verwaltungsbereich ist eleganter gestaltet, mit Schieferböden und gewölbten Glaswänden. Glastrennwände unterteilen auch die einzelnen Bereiche der Geschäftsleitung. Sechs schwenkbare, perforierte Metallschirme dienen entweder als Anzeigetafeln oder als Raumteiler und schaffen einen halb-privaten Konferenzbereich. Blickfang des gegenüberliegenden Konferenzraums ist eine gewölbte, schwere Schiebetür. Hier werden Dias vorgeführt, die Atmosphäre ist privater.

1992 gewann die Firma einen Honor Award (in der Kategorie „Göttliches Detail") für die Brücke und eine „Citation of Merit" für die Gesamtkonzeption von der Chicagoer Gruppe des American Institute of Architects.

ADRESSE   300 West Adams Street
BAUHERR   Holabird & Root
BAUINGENIEUR   David Ekstrom
GRÖSSE   2 100 Quadratmeter
VERKEHRSANBINDUNG   RTT: Brown, Orange Line und Purple Line Express bis Quincy/Wells; Bus: 1, 7, 37, 60, 61, 126, 129, 130, 135, 136, 156
ZUTRITT   nach Vereinbarung

Holabird & Root 1992

Holabird & Root Offices

Holabird & Root 1992

West Loop

190 South La Salle Street

Das einzige Chicagoer Bauprojekt von Philip Johnson und John Burgee ist an der Ecke der La Salle Street-Straßenschlucht im Herzen des Finanzdistrikts zu finden. Dieser 40 Stockwerke hohe Turm, der sowohl der Postmoderne als auch dem Historismus zugesprochen wurde, ist eine Studie in formaler Nachahmung: Elegant und anmutig, wurde sein Erscheinungsbild doch oft als protzig kritisiert. Inspiriert ist er vom 1886 errichteten Rookery Building von Burnham & Root. Der Gesamtentwurf orientiert sich frei an dem 1892 gebauten und 1939 abgerissenen Masonic Temple von John W. Root. Die Spitze und die unteren Geschosse von 190 South La Salle unterscheiden sich so drastisch voneinander, als handle es sich um zwei völlig verschiedene Gebäude. Die roh gearbeitete, fünf Stockwerke hohe Basis besteht aus rotem Granit und ist eine direkte Anspielung auf das Rookery Building. Der 35 Stockwerke hohe Turm aus rosa Granit und Rauchglas ist wesentlich leichter und feingliedriger strukturiert. Das Dach, eine Reminiszenz an den Masonic Temple, hat sechs kupferverkleidete Giebel mit Aluminiumspitzen, die eine juristische Bibliothek und einen dazugehörigen Lesesaal beherbergen. Der etwa fünf Meter hohe Eingangsbogen führt in eine überdimensionierte Lobby mit Tonnengewölbe. Selbst die Aufzugskabinen haben goldene, gewölbte Decken und Marmorböden. Riesige Bronzekronleuchter hängen über dem Schachbrettboden aus schwarzem und weißem Marmor, gegen die sich Anthony Caros Skulptur „Chicago Fugue" winzig ausnimmt.

ADRESSE   190 South La Salle Street
CO-ARCHITEKTEN   Shaw & Associates
BAUINGENIEURE   Cohen Barreto Marchertas, Inc.
GRÖSSE   836 100 Quadratmeter
VERKEHRSANBINDUNG   RTT: Brown und Orange Line bis Quincy/Wells oder LaSalle Van Buren und Blue Line bis La Salle/Congress; Bus: 1, 7, 22, 24, 37, 42, 60, 62 local, 65, 126, 135, 136, 156
ZUTRITT   Eingangshalle frei

John Burgee Architects und Philip Johnson 1987

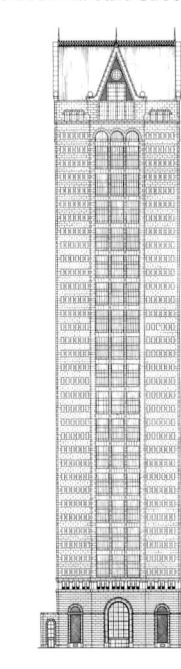

190 South La Salle Street

West Loop

John Burgee Architects und Philip Johnson 1987

Chemical Plaza

Das 1912 ursprünglich auf dieser Seite des La-Salle-Boulevards stehende Gebäude war das von Holabird & Roche entworfene Otis-Building. Der Sockel aus Granit und Terrakotta blieb als „Classical Revival" (Wiederaufnahme klassizistischer Formen) erhalten, um das herkömmliche Straßenbild zu bewahren und um eine architektonische Beziehung zwischen der neuen Konstruktion und den Nachbargebäuden herzustellen. Die kanadische Firma Moriyama & Teshima setzte darauf einen 33 Stockwerke hohen Büroturm, wobei die Nord- und Ostmauern der vier unteren Stockwerke vollständig in den Neubau integriert wurden. Dessen Tragkraft der Stützen übertrug man einfach auf einige der großen Senkkästen des alten Gebäudes.

Lediglich zwei Grenzlinien beim Wechsel von alt nach neu gibt es. Der sich unmittelbar über der Basis erhebende Turm ist leicht zurückgesetzt; hinter der historischen Fassade wurde eine halbkreisförmige, siebengeschossige Lobby eingefügt und so ein Übergang zwischen der alten und neuen Lobby hergestellt. Um möglichst viele Eckbüros – 10 pro Etage – unterzubringen, treten die Nordwest- und die Südwestecke stufenweise zurück.

Es ist ein eher unauffälliges Bürogebäude, das durch den kobaltblauen Rahmen, die leuchtend grünen Details und das blausilbrige Fensterglas Aufmerksamkeit erregt, die dem Gebäude nicht zusteht.

ADRESSE 10 South LaSalle Street
BAUHERR Fidinam (USA), Inc.
CO-ARCHITEKTEN Holabird & Root
BAUINGENIEURE Cohen Barreto Marchertas, Inc.
BAUKOSTEN 43 Millionen Dollar
GRÖSSE 78 400 Quadratmeter
VERKEHRSANBINDUNG RTT: Brown, Orange Line und Purple Line Express bis Quincy/Wells; Bus: 14, 20, 23, 56, 127, 131, 135, 136, 156, 157
ZUTRITT Eingangshalle frei

Moriyama & Teshima Architects 1986

Chemical Plaza

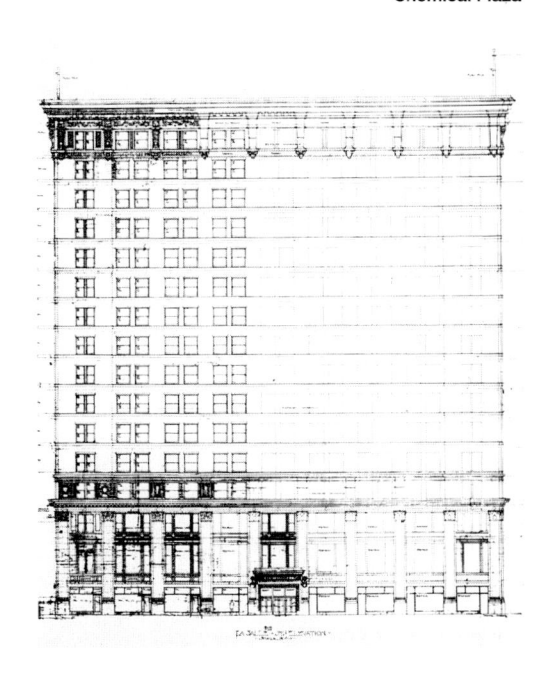

Moriyama & Teshima Architects 1986

Hauptsitz der Helene Curtis Corporation

Am Schnittpunkt der Wells Avenue Bridge und dem Nordufer des Chicago River wurde ein 1912 von L. Gustav Halberg entworfenes Warenhaus für Amerikas zweitgrößten Kosmetikhersteller umgebaut. Die Gesellschaft wurde 1927 in Chicago gegründet und hat hier seitdem ihren Stammsitz. Den umfangreichen Umbau des 15 600 Quadratmeter großen Gebäudes bezeichneten viele Architekturkritiker als „Facelifting" oder „schönheitschirurgischen Eingriff" – zudem als einen gelungenen.

Die Erneuerung begann mit einer Entkernung bis auf das Mauerwerk, die Stützen und das Treppenhaus. Es wurde nun eine Etage aufgestockt – ein von zwei Glasflächen gerahmter, das Gebäude oben abschließender, grüner Glaszylinder –, so daß der Bau eine Höhe von zehn Stockwerken erreicht. Das prunkvolle grüne Glas korrespondiert mit der unteren Baueinheit und ruft den Eindruck hervor, als habe sich die Glasfassade an der Spitze von ihrem Ziegelkorsett befreit. Diese zehnte Etage beherbergt einen von kleineren Verwaltungseinheiten umgebenen Verwaltungssaal. Der mit Saarinen-Möbeln ausgestattete ovale Konferenzraum ist seriös und exklusiv. Die gesamte Innenausstattung strahlt ein Ambiente individueller Bedeutsamkeit aus. Die mit aufgehelltem Eichenholz verkleideten Workstations wurden in allen Büros auf die jeweiligen Aufgabenbereiche und die Bedürfnisse der Mitarbeiter zugeschnitten. Durch Verkleidung mit Dämmplatten wird die Monotonie der Decken gemindert.

ADRESSE 325 North Wells Street
BAUKOSTEN 13 Millionen Dollar
GRÖSSE 15 000 Quadratmeter
VERKEHRSANBINDUNG RTT: Brown, Purple Line Express bis Merchandise Mart; Bus: 37, 41, 44, 61, 125
ZUTRITT Eingangshalle frei

West Loop

Booth Hansen & Associates 1984

Hauptsitz der Helene Curtis Corporation 181

West Loop

Erweiterung von 222 North La Salle Street

Das 1927 errichtete und von Graham, Anderson, Probst & White entworfene Builders Building erhielt ein neues, elegantes „Outfit" und auf der Westseite einen mit einer Kalksteinfassade versehenen Anbau, der die Proportionen und die Grundkomposition der bestehenden Fassade bewahrte.

Einen erheblichen Energie- und Kostenaufwand stellte die Neugestaltung des Eingangswegs dar – eine drei Stockwerke hohe und drei Säulenabstände breite Loggia, die zu einer zweigeschossigen Eingangshalle führt, die in die restaurierte Rotunde mündet.

Der viergeschossige Innenhof – die Verbindung zwischen dem neuen und alten Bauwerk – wird indirekt beleuchtet und ist in den Originalfarben von 1927 gehalten, einschließlich der Blattgold-Details. Ein großzügig angelegter Treppenaufgang beherrscht den Raum, da der Aufzug in den Anbau verlagert wurde. Holzverstrebungen ersetzten die abgenützten Eisenverstrebungen, und ein sich bis in den Anbau erstreckender Marmorfußboden ersetzte den alten Terrazzoboden. Das Dach wurde zu einem abgeschrägten, vierstöckigen Glaspenthouse umgebaut, das die beiden Gebäude optisch verbindet.

ADRESSE   222 North LaSalle Street
BAUHERR   Tishman Speyer Properties
GRÖSSE   96 000 Quadratmeter
BAUKOSTEN   46,75 Millionen Dollar
VERKEHRSANBINDUNG   RTT: Blue Line, Brown, Orange Line und Purple Line Express bis Clark/Lake; Bus: 135, 136, 156
ZUTRITT   Eingangshalle frei

Skidmore, Owings & Merrill, Inc. 1986

Erweiterung von 222 North La Salle Street

West Loop

Skidmore, Owings & Merrill, Inc. 1986

181 West Madison Street

„Vertikalität" und „Größe" beschreiben Cesar Pellis einzigen Wolkenkratzer in Chicago. Eine scheinbar einfache Vorhangfassade aus Glas (und roten Granitpfeilern) wurde modifiziert, um der Konstruktion Räumlichkeit zu geben. Vertikale Granitrippen markieren die 1,5 Meter hohen, innenliegenden Etageneinheiten; metallische Fensterpfosten, die leicht vorstehen, sind zwischen die Granitrippen eingepaßt und verstärken die Vertikalität des Hochhauses. Die Stützen enden ca. 20 Zentimeter oberhalb der Oberkante der Glaslinie in Metallaufsätzen, die das Sonnenlicht reflektieren und – nachts beleuchtet – optisch zusätzliche Höhe erzielen sollen.

Die Größe ist auch im Inneren gegenwärtig: in der Lobby mit gewölbter Decke, davor eine vierstöckige Loggia mit Glasdach an der Madison Street. Selbst zur Mittagszeit wirkt die überdimensionierte fünfstöckige Lobby verlassen und der Pförtner einsam und verloren in der Geisterstadt aus weißem, grauem und grünem Marmor.

Miglin-Beitler und Cesar Pelli & Associates, die Architekten des Paine Webber Tower 181 West Madison, planten ein weiteres Gebäude: Ein 125geschossiges Hochhaus – es wäre das höchste Gebäude der Welt gewesen – sollte an der Südwestecke Madison und Wells Street errichtet werden. So elegant auch ihr Entwurf und Modell erscheinen, das Bedürfnis nach einer solchen Macho-Architektur ist schwer zu begreifen.

ADRESSE 181 West Madison Street (Ecke Wells Street)
CO-ARCHITEKTEN Shaw & Associates, Inc.
BAUINGENIEURE Cohen Barreto Marchertas, Inc.
BAUKOSTEN 75 Millionen Dollar
GRÖSSE 93 000 Quadratmeter
VERKEHRSANBINDUNG RTT: Brown, Orange Line und Purple Line Express bis Quincy/Wells oder Randolph/Wells; Bus: 20, 23, 37, 56, 61, 127, 131, 157
ZUTRITT Eingangshalle frei

Cesar Pelli & Associates 1990

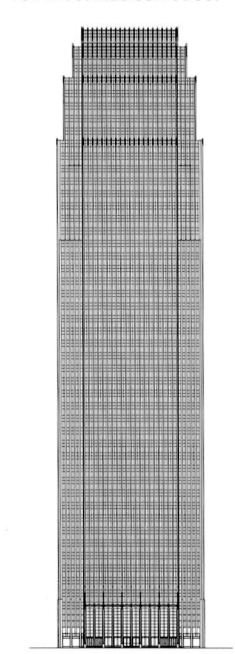

181 West Madison Street 185

West Loop

Cesar Pelli & Associates 1990

Chiasso

Direkt neben der Lobby des verspiegelten, 1988 von Skidmore, Owings & Merill vollendeten Bürohochhauses (303 Madison Street) befindet sich ein ausgefallener Laden. Vollgestopft mit modischen Designerartikeln, Accessoires und exquisitem Spielzeug, ist er ein Kontrast zu dem funktionalen Gebäude, das ihn beherbergt.
Das Geschäft, das wie eine Bühne, auf der ständig auf- oder abgebaut wird, konzipiert ist, besteht aus Fragmenten in einem unfertigen Raum. Zwischen offenliegenden Rohren und einer wie mit Pelz besetzt wirkenden Decke (durch das Isoliermaterial hervorgerufen) wurden nur synthetische Materialien verwendet. Dieser „Industrie-Look" mit den unverkleideten Baugerüsten, die die Warentische tragen (die wiederum mit künstlichem Schweinsleder bezogen sind) besitzt trotzdem eine persönliche Note.

Kunstgranit, Bronze- und gebürstetes Aluminium-Imitat sowie auf Ebenholz gebeizte Eiche sorgen für ein „flippiges" Flair. Der Kontrast zwischen der ernsten, dunkel glänzenden Marmorlobby des Bürohochhauses und dem Laden ist äußerst raffiniert.

ADRESSE 303 Madison Street
GRÖSSE 81 Quadratmeter
VERKEHRSANBINDUNG RTT: Brown, Orange Line und Purple Line Express bis Quincy/Wells; Bus: 14, 20, 37, 56, 61, 127, 129, 131, 157
ZUTRITT freier Zutritt

Florian-Wierzbowski 1988

Chiasso

West Loop

Florian-Wierzbowski 1988

AT&T Corporate Center, USG Building

Das verschwenderisch ausgestattete Foyer im Center dieser Telefongesellschaft assoziiert das Innere einer Kathedrale. Die Kosten von etwa 3 Millionen Dollar lassen auf eine gediegene Ausstattung der zwölf Meter hohen Lobby mit Kuppelgewölbe schließen. Die zentrale, sonnendurchflutete Halle, die mit Marmor und exotischen Hölzern verkleidet ist, dient als Verbindung zwischen den Gebäuden.

Die zweite Etage des Foyers mit seinen Restaurants und Läden ist für die Öffentlichkeit zugänglich und bietet eine bezaubernde Sicht in die weiträumige, reich verzierte und schön gestaltete Lobby. Glanzlichter sind die mit Marmor, Blattgold und amerikanischem Eichenholz ausgestatteten Wände und der Boden aus italienischem Marmor. Matt lackierte Bronzegitter und Zierstreifen begrenzen die Decke, von der massive Kronleuchter herabhängen.

Die beiden Gebäude mit einer Gesamtfläche von 2,2 Millionen Quadratmetern nehmen einen kompletten Block ein und sind beinahe 270 Meter hoch. In seiner Kombination aus Art deco, Modernismus und dem, was einige Kritiker *Revivalism* nennen, ist das Bauwerk, wie viele Arbeiten von Adrian Smith, vom Tribune Tower und anderen Wolkenkratzern der 20er Jahre inspiriert. Die dreigeteilte Granitfassade betont die Vertikale. Das AT&T Building erhebt sich mit 60 Stockwerken, das USG Building ist mit 34 Stockwerken etwas niedriger.

Für die Musterung der 2 600 Aluminium-Zierpaneele, die die Fenster voneinander abtrennen, wurde eine interessante Technik angewendet. Um den Eindruck von Eisenschmuckbeschlägen aus der Zeit der Jahrhundertwende hervorzurufen, wurden anstelle der üblichen Schablonentechnik die Paneele bedruckt.

Die florierende Firma Skidmore, Owings & Merrill (SOM), 1936 in Chicago gegründet, besitzt eine Reihe weiterer Hochhäuser im Loop, die erwähnenswert sind.

Ein kleiner, achtundzwanzigstöckiger Wolkenkratzer aus dem Jahr 1986 ist in der 225 West Washington Street zu finden. One North Franklin von 1991 ist ein Beispiel für den Art-deco-Pomp, und 303 West Madison von 1988 hat eine schöne Buntglaswand mit Blick auf die Franklin Street. 500 West Monroe von 1992 besitzt eine

Skidmore, Owings & Merrill, Inc. 1989, 1992

AT&T Corporate Center, USG Building

West Loop

Skidmore, Owings & Merrill, Inc. 1989, 1992

AT&T Corporate Center, USG Building

beeindruckende, neunstöckige Basis, auf der sich 36 Stockwerke wie schrittweise zurückweichend erheben. Es ist das bisher höchste Bürohochhaus am Westufer des Chicago River.

ADRESSE   227 West Monroe Street und 125 South Franklin Street
BAUHERR   Stein & Co.
BAUKOSTEN   250 Millionen Dollar und 94 Millionen Dollar
GRÖSSE   162 600 Quadratmeter und 102 000 Quadratmeter
VERKEHRSANBINDUNG   RTT: Brown, Orange Line und Purple Line Express bis Quincy/Wells; Bus: 1, 7, 19, 37, 60, 61, 129, 130, 135, 136, 151, 156
ZUTRITT   Eingangshalle frei

Skidmore, Owings & Merrill, Inc. 1989, 1992

AT&T Corporate Center, USG Building

West Loop

Skidmore, Owings & Merrill, Inc. 1989, 1992

311 South Wacker Drive

Der 292 Meter hohe Wolkenkratzer ist das höchste Bürohochhaus der Welt aus Stahlbeton. Es ist gleichzeitig die erste Bauphase eines Projekts von insgesamt 3 Türmen auf dem Gelände am South Wacker Drive. Der geplante Komplex, der auf eine Gesamtfläche von 37 500 Quadratmetern angelegt ist, wird sich um den kürzlich erbauten Wintergarden Plaza konzentrieren – ein gewaltiger, 24 Meter hoher Raum mit Tonnengewölbe, der als Fußgängerzentrum gedacht ist und das Gebäude über Gehwege mit den Verkehrssystemen verbindet. Der Korridor mit freiem Blick nach oben wird durch weiß gestrichenen Stahl, der sich von Granitauslegern erhebt, verstärkt. Nach Fertigstellung der beiden anderen Hochhäuser wird die freie Sicht leider verstellt sein.

Der fünfundsechzigstöckige Turm ist mit rötlichem Texasgranit und mit glänzenden Bändern, die nach unten hin zunehmend dichter werden, verkleidet.

Ins Auge fällt die außergewöhnliche Spitze des Gebäudes. Der riesige, 4,5 Meter hohe, transparente Glaszylinder, der sich auf dem 51. Stockwerk erhebt, wird von vier kleineren Glaszylindern gesäumt und hat den Spitznamen „Weiße Burg" erhalten. Diese Zylinder – von der Architektengemeinde nicht sehr geschätzt – erscheinen, vor allem wenn sie nachts von 1 852 Leuchtstoffröhren erleuchtet werden, etwas mittelalterlich und provinziell.

ADRESSE 311 South Wacker Drive
BAUHERR Lincoln Property Company
CO-ARCHITEKTEN Harwood K. Smith & Partners
GRÖSSE 130 000 Quadratmeter
VERKEHRSANBINDUNG RTT: Brown, Orange Line und Purple Line Express bis Quincy/Wells; Bus: 1, 7, 60, 121, 126, 130, 135, 136, 151, 156
ZUTRITT Eingangshalle frei

Kohn Pedersen Fox 1990

311 South Wacker Drive

West Loop

Kohn Pedersen Fox 1990

Chicago Mercantile Exchange

Zwei vierzigstöckige Bürohochhäuser aus Glas und Granit flankieren das zehnstöckige, mit Karneolgranit verkleidete Gebäude, das das 3 780 Quadratmeter große Börsenparkett des Haupteigentümers des Projekts beherbergt. Ein Stockwerk darüber steht ebenfalls ein stützenfreier Raum von 2 800 Quadratmetern – hinsichtlich der Konstruktionsweise eine Meisterleistung. Dafür mußten die oberen 34 Stockwerke der beiden Hochhäuser zu großen Teilen über das kleinere Gebäude ausgekragt werden, so daß die Last direkt auf den Boden übertragen wird. Gebaut wurde in zwei Abschnitten: Als das erste Hochhaus bezogen war, wurde mit dem Bau des zweiten begonnen. Mit Blick auf den Chicago River (der unvergleichliche Ansichten offeriert) bietet der Gebäudekomplex äußerlich ein ruhiges, solides Ambiente – im Kontrast zu der Aktivität im Innern.

Es besteht die Möglichkeit, die Börse zu besichtigen – eine faszinierende Erfahrung, all den herumlaufenden und wild gestikulierenden Leuten in bunten Jacketts zuzuschauen. Die Besuchergalerie in der vierten Etage ist mit einem Expreßaufzug zu erreichen; auf diese Weise kann man die Rolltreppen mit den auf- und abhastenden Börsianern vermeiden.

ADRESSE 10 und 30 South Wacker Drive
BAUHERR Metropolitan Structures/JMB Urban Realty
BAUINGENIEURE Alfred Benesch & Co.
BAUKOSTEN 350 Millionen Dollar
VERKEHRSANBINDUNG RTT: Brown, Orange Line und Purple Lines
bis Quincy/Wells oder Randolph/Wells; Bus: 20, 23, 56, 127, 131, 157
ZUTRITT zur Besuchergalerie in der vierten Etage

Fujikawa, Johnson & Associates 1983, 1988

Chicago Mercantile Exchange 195

West Loop

Fujikawa, Johnson & Associates 1983, 1988

333 West Wacker Drive

Das Gebäude ist erst zehn Jahre alt und bereits ein Wahrzeichen der Stadt: Es ist das schönste der jüngst errichteten Hochhäuser Chicagos. Es harmoniert mit der Umgebung, ist elegant und beeindruckt den Betrachter von allen Seiten – eine architektonische „Tour de force". Der sechsunddreißigstöckige Büroturm hat eine gewölbte und eine winklige Fassade. Die 111 Meter lange, gewölbte Fassade reflektiert die Biegung des Chicago River, und die geradlinige Seite harmoniert mit dem dreieckigen Grundstück des Gebäudes. An diesem Bauwerk, das mit Preisen und Anerkennung überhäuft wurde, kann man nicht gleichgültig vorübergehen. Die gespannte Wölbung der zum Fluß weisenden Vorhangfassade ist ein spiegelnder, grüner Glasvorhang, der durch Horizontalverstrebungen im Abstand von 1,8 Metern verstärkt wird. Er fängt das Wechselspiel von Licht und Schatten vom Fluß her auf (manchmal erscheint es fast silbrig) und spiegelt gleichsam auf beeindruckende Weise die umliegende Stadtlandschaft. Die Fassade strahlt die Ruhe und meditative Qualität einer am Wasser gelegenen Architektur aus. Es ist wunderbar, in der Hochbahn daran vorbeizufahren und aus vielen Blickwinkeln die sich „wölbende Welt" zu betrachten. Die obere Wölbung ist gegen eine kantige, schlanke Fläche gesetzt, die eine zusätzliche Spannung zur bewegten Wölbung der Nordfassade erzeugt und der Gebäudekrone Aufmerksamkeit sichert. Die Glaswand wird von einer eleganten, längsgestreiften, mehrfarbigen Granitbasis mit Glanzlichtern aus schwarzem, grauem und grünem Marmor und poliertem rostfreiem Stahl getragen.

Die technischen Einrichtungen der unteren Stockwerke sind geschickt hinter Artdeco-Streifen verborgen. Große Kartuschen, die an Bullaugen eines Schiffs erinnern, dienen als Lüftungsklappen – ein Gestaltungselement, das in späteren KPF-Gebäuden wieder aufgenommen wurde. Die Stahlstäbe der runden Fenster wiederholen sich in den Art-deco-Geländern entlang der gezackten Ecke der Südost-Fassade. Die Strenge der Downtown-Fassade orientiert sich am „geometrischen Muster" der Stadt und wird durch eine zur zweistöckigen Lobby emporführende Wendeltreppe abgemildert. Die Materialien der unteren Fassade finden auch in der grün-silbrigen Lobby wieder

Kohn Pedersen Fox 1983

333 West Wacker Drive

Kohn Pedersen Fox 1983

West Loop

Verwendung und setzen so das luxuriöse Ambiente fort. Weitere Beziehungspunkte, wie die achteckigen schwarzen Säulen, die die Basis stützen, findet man auch im Merchandise Mart. Die üblichen Extras findet man in der Lobby-Etage. Unter der Straßenoberfläche befindet sich eine zweigeschossige Tiefgarage.

ADRESSE 333 West Wacker Drive
BAUHERR Urban Investment & Development Company
CO-ARCHITEKTEN Perkins & Will
GRÖSSE 74 000 Quadratmeter
VERKEHRSANBINDUNG RTT: Blue, Brown, Orange Line und Purple Line Express bis Clark/Lake; Bus: 16, 37, 41, 44, 61, 125
ZUTRITT Eingangshalle frei

Kohn Pedersen Fox 1983

333 West Wacker Drive

West Loop

Kohn Pedersen Fox 1983

225 West Wacker Drive

Der Wirtschaftsboom der 80er Jahre ließ Bürohochhäuser zu einem beliebten Spekulationsobjekt werden, so daß eine Flut von Architekten von außerhalb die Chicagoer Szene überschwemmte.

Unter den erfolgreichsten Architekturbüros war die Kohn Pederson Fox Associates (KPF) mit Sitz in New York. KPF hat sich in der Stadt einen Namen gemacht: Abgesehen von 333 und 225 West Wacker Drive, haben sie in den letzten Jahren 900 North Michigan Avenue, Chicago Title & Trust sowie das fünfundsechzigstöckige 311 South Wacker Drive entworfen – allesamt bemerkenswerte Konstruktionen.

225 West Wacker Drive unterscheidet sich – von der Wiederaufnahme des Bullaugen-Motivs abgesehen – völlig von 333 West Wacker Drive, doch erhält es ebensoviel Anerkennung wie sein Nachbar der Superlative.

Er ist ein rechteckiger, gemauerter Kasten, der von vier Aluminiumspitzen bekrönt wird. In die Basis der Zwillingstürme sind ein tonnenförmiges Dachgewölbe und ein Penthouse integriert, das die Büros der Geschäftsleitung enthält, die nachts beleuchtet sind. Der schmale Turm ist 31 Stockwerke hoch, sein schnörkelloses Äußeres besteht aus Granit, Marmor, Aluminium und Glas.

Das Gebäude steht auf einem länglichen, schmalen Gelände, das an den West Wacker Drive und an die Franklin Street grenzt. Der Bogengang vor dem Fluß ergänzt eine gewölbte, mit erhabenem Marmor und Granit verkleidete Eingangshalle. Das Portal aus rostfreiem Stahl in der Mitte des Bogengangs soll den Metallkonstruktionen der Chicagoer Brücken seine Reverenz erweisen. Die beiden Lobbies sind mit erlesenem Dekor ausgestattet und in einem Vestibül miteinander verbunden. Der Innenhof an der Franklin Street ist 39 Meter lang und 10 Meter breit und führt zu den Geschäften im Innern des Bauwerks. Hinter dem Gebäude, über der Hochbahn, steht ein sechsstöckiges Parkhaus.

Kohn Pedersen Fox 1989

225 West Wacker Drive

West Loop

Kohn Pedersen Fox 1989

225 West Wacker Drive

Das Gebäude ist weniger spektakulär als 333 West Wacker Drive, doch es ist eine vollendete und grazile Konstruktion, die ihrem illustren Vorgänger zu glänzen erlaubt.

ADRESSE 225 West Wacker Drive
BAUHERR The Palmer Group Limited
CO-ARCHITEKTEN Perkins & Will
GRÖSSE 66 000 Quadratmeter
VERKEHRSANBINDUNG RTT: Blue, Brown, Orange Line und Purple Line Express bis Clark/Lake; Bus: 16, 37, 41, 44, 61, 125
ZUTRITT Eingangshalle frei

Kohn Pedersen Fox 1989

225 West Wacker Drive

West Loop

Kohn Pedersen Fox 1989

Morton International Building

Dieses Gebäude, das auf einem schönen, asymmetrischen Flecken am Westufer des Chicago River steht, wurde auf einem ungewöhnlichen, etwa 5 000 Quadratmeter großen Gelände über Eisenbahngleisen gebaut, so daß ein Teil des Gebäudes quasi in der Luft zu hängen scheint. Dieser Teil des Bauwerks – 767 Quadratmeter groß, mit zwölf Stockwerken – hängt an Stahlträgern, die am Ostteil des Gebäudes befestigt sind. Die sichtbaren Träger ähneln den Brückenelementen am Chicago River und stellen ein kontextuelles Element des gewaltigen Büroblocks dar.

Die beiden Grundformen des Gebäudes sind ein stehendes und ein liegendes Rechteck. Der kürzere Block beherbergt eine zweistöckige Lobby, ein sechsstöckiges Parkhaus und auf 23 250 Quadratmetern ein Rechenzentrum der Illinois Bell Telephone. Der aufrechte Turm enthält Büros. Eine neun Meter hohe Promenade führt zum Haupteingang und zur zweigeschossigen Eingangshalle. Ein Bogengang und ein nicht überdachter Platz bieten einen Ausblick auf den Fluß.

Die Fassade aus Glas und Aluminium wurde durch wechselnde Muster aus grauem Granit aufgelockert. Funktionale Vorgaben entschieden darüber, ob eine von drei Grauschattierungen in der gemusterten Fassade verwendet wurde. Diese optische Lösung mildert etwas die Größe und Masse des gewaltigen rechteckigen Blocks.

ADRESSE   100 North Riverside Plaza
BAUHERR   Orix Real Estate Equities, Inc.
GRÖSSE   102 000 Quadratmeter
VERKEHRSANBINDUNG   RTT: Brown, Orange Line und Purple Line Express bis Randolph/Wells; Bus: 20, 23, 56, 127, 131, 157
ZUTRITT   Eingangshalle und Bogengang frei

Perkins & Will 1990

Morton International Building 205

West Loop

Perkins & Will 1990

Northwestern Atrium Center

Das Bauwerk, das die Beaux-Arts Chicago and Northwestern Train Station von 1911 ersetzt, kombiniert einen Bahnhof für Pendler mit einem vierzigstöckigen Bürokomplex und ist ein weiteres spiegelndes, gläsernes Haus von Helmut Jahn. Wenn auch die kaskadierenden Schichten der blaugrauen Verglasung der Südfassade aus der Distanz schön aussehen, so mindert jedoch, je näher man kommt, die Einkaufspassage den Gesamteindruck. Der Entwurf, ursprünglich als Anbau der Warenbörse geplant, wurde auf Eis gelegt und später aus der Versenkung geholt und dem neuen Gebäude und dessen Funktion angepaßt.

Die Wände aus Stahl und Glas sind wellenförmig gestaltet und wiederholen rhythmisch immer die gleichen Kurven; sie sind inspiriert von dem Luxuszug „Twentieth Century Limited". Die dreiteilige Anordnung wird von dunkelblau emaillierten Streifen entlang der stromlinienförmigen Fassade akzentuiert. Lichtinstallationen, Aufzugdetails und Dekorationselemente aus Buntglas im Innern sind eine Fortsetzung des Art-deco-Motivs. Der zweistöckige Bahnhof mit dem Haupteingang auf der Madison Street besteht aus mehreren Innenhöfen. Der Bogen über dem Eingang öffnet sich auf eine unverkleidete Stahlstruktur hin, die das Glasdach kreuzweise schraffiert. Im Erdgeschoß bietet eine 81 Meter lange Halle Platz für Einzelhändler. Rolltreppen in der Mitte der Etage führen zur Aufzugstation in der dritten Etage, die, Flugreisen beschwörend, „Skylobby" genannt wird, wenn auch der Name nicht das hält, was er verspricht. Eine in die zweite Etage der Halle integrierte Brücke für die Pendler überquert die Canal Street mit Zugang zum Wacker Drive und dem Central Loop.

ADRESSE   500 West Madison Street (Ecke North Canal Street)
GRÖSSE   150 000 Quadratmeter
VERKEHRSANBINDUNG   RTT: Brown, Orange Line und Purple Line Express bis Randolph/Wells; Bus: 20, 23, 41, 56, 120, 122, 125, 127, 129, 130, 131, 157
ZUTRITT   Innenhöfe frei

Murphy/Jahn 1987

Northwestern Atrium Center 207

West Loop

Murphy/Jahn 1987

T. W. Best Newsstand

Dieser Zeitungskiosk wurde so konzipiert, daß er in verschiedene Standorte eingepaßt und jeweils variiert werden kann. Sein grauer, schachbrettartig gemusterter Boden und die schwarzen Baueinheiten werden von architektonischen Verbundelementen abgeleitet und sind sowohl Teil der Komposition als auch Blickfang. Hauptattraktion ist sein leuchtend roter Rahmen, der die Mitte des Raumes durchschneidet und in einem riesigen, blauen Kegel endet. Die in Primärfarben gehaltene Form dient als Regal für Erdnüsse und Kartoffelchips. Gelbe, perforierte Metallfahnen hängen von der Decke herab und regulieren den Kundenstrom. Die vielfarbige und effiziente Organisation erleichtert dem eiligen Kunden, die gewünschten Waren zu finden.

Eva Maddox hat einen weiteren T. W. Best für das Hotel Nikko (320 North Dearborn Street) entworfen. Dieser Entwurf behält, diesmal komplett in Holz realisiert und mit einem zentralen Kassentisch, die Anordnung der Einheiten seines Vorgängers bei. Der Kiosk strahlt – auf die Gegend abgestimmt – eine ruhigere und zurückhaltende Atmosphäre aus. Maddox ist für ihre modernen Einrichtungen bekannt, besonders im Merchandise Mart – einem Art-deco-Komplex mit Ausstellungsräumen. Er wurde 1931 nach dem Entwurf von Graham, Anderson, Probst & White errichtet und in den Jahren 1986 bis 1991 renoviert. Zwischen North Wells Street und North Orleans Street gelegen, wird er normalerweise nur von Architekten und Designern besucht. Man sollte sich bei einem Besuch erkundigen, ob zur Zeit von Maddox gestaltete Ausstellungsräume geöffnet sind – eine „Visite" lohnt sich.

ADRESSE Northwestern Terminal Building, 500 West Madison Street
INFORMATIONEN ZUM MERCHANDISE MART Telefon 312-644 4664
VERKEHRSANBINDUNG RTT: Brown, Orange und Purple Line Express bis Randolph/Wells; Bus: 20, 23, 41, 56, 120, 122, 125, 127, 129, 130, 131, 157
ZUTRITT freier Zutritt

Eva Maddox Associates 1989

T. W. Best Newsstand 209

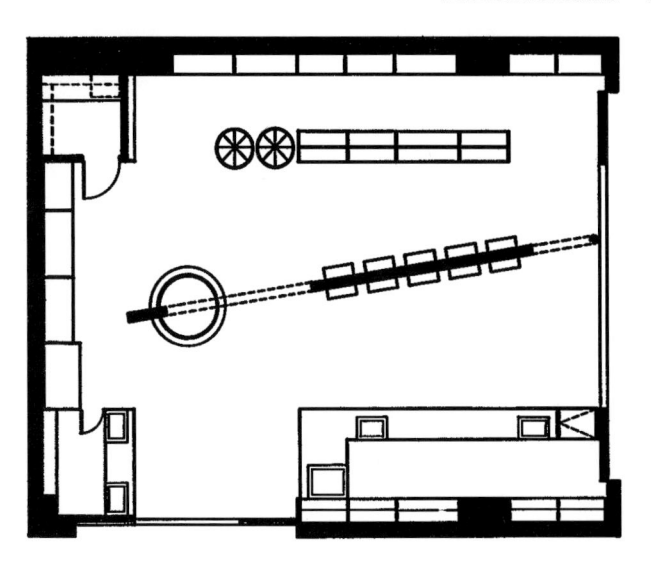

West Loop

Eva Maddox Associates 1989

Presidential Towers

Nachdem der Entwurf trotz anfänglicher finanzieller Unklarheiten gebaut wurde, sind die Presidential Towers nach ihrer Fertigstellung zu einem finanziellen Desaster geworden. Konzipiert in der Hoffnung, daß sie zum Zentrum einer noblen Wohngegend in Downtown Chicago werden würden, sind die Presidential Towers das Beispiel einer fehlgeschlagenen Stadterneuerung geworden. Die Initiatoren des Projekts, McHugh Levin in Zusammenarbeit mit der Dan Shannon Associates, erhielten vom Bundesministerium für Wohnungsbau und Stadtentwicklung Subventionen in Höhe eines Viertels der Gesamtkosten. Auch die Stadt Chicago half mit einer Steuerbefreiung in der Finanzierungsphase, nichts davon konnte jedoch das Projekt vor dem Fehlschlag bewahren. Konzipiert als vier identische, in Reihe stehenden neunundvierzigstöckige Hochhäuser, enthalten die Gebäude 2 346 Wohneinheiten, die durch eine überdachte Fußgängerpassage miteinander verbunden sind. Die Passage bietet auf 8 400 Quadratmetern Platz für Geschäfte. Die schwerfällig wirkenden, achteckigen hellbraunen Hochhäuser schneiden diagonal zwei Straßenblöcke und sind durch eine Straße getrennt. Auf mehreren Etagen verbinden Gehwege den Komplex über die Straße hinweg. Äußerlich läßt nichts die Türme als Wohngebäude erkennen, und die vierfache Wiederholung macht die teuren Apartmentgebäude unattraktiv. Lediglich Annehmlichkeiten wie ein Fitneßclub, eine Sonnenterrasse, auf dem Dach ein Basketballfeld und Sportanlagen und die hohen Mieten unterscheiden diesen Entwurf von Projekten des sozialen Wohnungsbaus.

ADRESSE 555, 575, 605 und 625 West Madison Street (angrenzend an West Monroe, North Desplaines und North Clinton Streets)
BAUINGENIEURE Chris P. Stefanos Associates
BAUKOSTEN 125 Millionen Dollar
GRÖSSE 186 000 Quadratmeter
VERKEHRSANBINDUNG Bus: 20, 23, 41, 56, 125, 131, 157
ZUTRITT Eingangshalle und Passage

Solomon Cordwell Buenz & Associates 1986

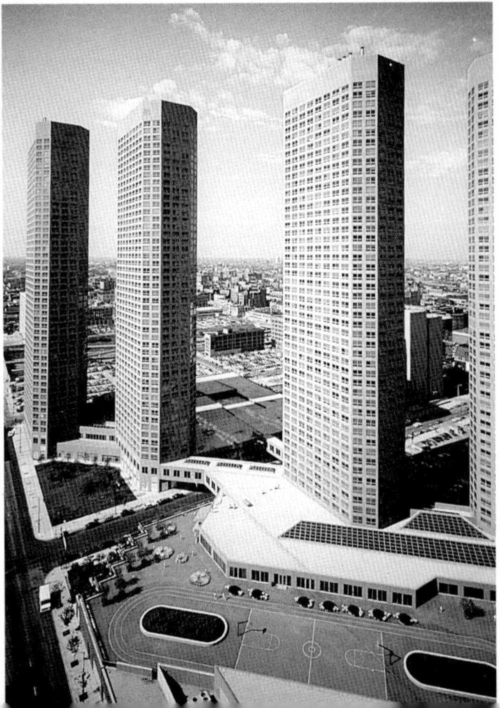

Near West Side und South Loop

Peter Elliott Productions 214
Greyhound Busbahnhof 216
Canal Center 218
River City 220
John G. Shedd Oceanarium 224
Burnham Park Harbor Station 228

Peter Elliott Productions

Direkt gegenüber den unspektakulären Oprah Winfrey Harpo Studios (die 1989 von Nagle, Hartray & Associates umgebaut wurden) wirkt das Gebäude in einer vorwiegend industriellen Nachbarschaft wie ein Schmuckstück. Welche Überraschung, auf einige Blocks westlich des Kennedy Expressway, auf die elegante Fassade, die sich durch den Wechsel von glatten und rauhen, vorfabrizierten Steinplatten, Glasbausteinen und eingefaßtem Glas auszeichnet, zu stoßen. Die rechteckige Struktur ist von drei gebogenen Metallträgern bekrönt, die ein Vordach aus poliertem Aluminium tragen. Das Vordach findet innerhalb des Empfangsbereichs sein Gegenstück in einem kunstvollen, drehbaren Schreibtisch, der von einem Chicagoer Bildhauer geschaffen wurde. Der Bau ist Domizil eines der führenden nationalen Werbefilmstudios. Er schließt einen zentralen sechs Quadratmeter großen Aufnahmeraum ein, den ein Gang (hinter Rauchglas) umgibt, von dem aus man den Werbeaufnahmen zuschauen kann, ein High-Tech-Thermostatsystem (sobald Eiskrem eine Rolle bei den Aufnahmen spielt) sowie elektrische und moderne mechanische Vorrichtungen. Die geschwungenen Wände, die die Küche, das Kundenfoyer und den Konferenzraum verbergen, sind in Weiß und Grau gehalten, aufgelockert durch einen roten Farbklecks. Der Terrazzoboden wechselt sich mit dem Schachbrettmuster der Aluminiumtreppe ab; die Dekorationen sind zumeist aus Stahl. Die übergroße Küche (die dem Kunden gestattet, bei den Vorbereitungen zuzuschauen – bei meinem Besuch waren Hunderte von ausgepackten Schokoriegeln vorbereitet) ist mit Videomonitoren ausgestattet, so daß die Werbeaufnahmen leichter zu koordinieren sind.

ADRESSE   1111 West Washington Boulevard
BAUHERR   Peter Elliot Productions
BAUINGENIEURE   Stearn-Joglekar, Limited
GRÖSSE   930 Quadratmeter
VERKEHRSANBINDUNG   Bus: 20, 23, 131
ZUTRITT   kein Zutritt

Hartshorne Plunkard, Limited 1993

Peter Elliott Productions

Near West Side und South Loop

Hartshorne Plunkard, Limited 1993

Greyhound Busbahnhof

Dieses Gebäude gilt als Prototyp für die Greyhound Lines und soll die Bemühungen der Linie unterstützen, Passagierterminals im ganzen Land einzurichten. Es ersetzt einen 35 Jahre alten Bahnhof im Loop. An dem – eigenartigerweise weniger zentral gelegenen – neuen Busbahnhof kommen nun die Greyhound und die Trailways Busse aus dem ganzen Land an.

Das Depot, eine grazile architektonische Struktur, ist kleiner, als die Abbildung es glauben macht. Das zweistöckige, mit Mauerwerk und abwechselnden horizontalen Streifen aus Ziegeln und Beton verkleidete Bauwerk ist 3 200 Quadratmeter groß. Zwei Überdachungen, abgehängte Ausleger des Daches, schaffen einen 900 Quadratmeter großen wettergeschützten Platz für 24 Bushaltestellen. Darunter sind Tank- und Reparaturstellen eingerichtet.

Diese Bedingungen erforderten eine beeindruckende Dachkonstruktion, die 13,5 Meter überbrückt. Die technisch raffinierte Konstruktion wird von zehn 15 Meter hohen dunkelblauen Stahlmasten getragen, die mit Stahltrossen mit einem Durchmesser von 7,5 Zentimeter verbunden sind und mit abgespannten, weißen Drahtseilen stabilisiert werden. Der durch den Wind verursachte Auftrieb wird von zusätzlichen Stahlröhren abgefangen. Beabsichtigt unbearbeitete Stahlmasten und durchlöcherte Träger sind an der Unterseite der Überdachung sichtbar. Das zweite Stockwerk hat eine gezackte Umrandung, die als Ergänzung zur sichtbaren Trägerkonstruktion entworfen wurde und die Sonnenhitze mindern soll.

ADRESSE 630 West Harrison Street (Ecke South Desplaines Street)
BAUINGENIEURE Cohen Barreto Marchertas, Inc.
BAUKOSTEN 6,5 Millionen Dollar
GRÖSSE 5 400 Quadratmeter, einschließlich Bushaltestellen
VERKEHRSANBINDUNG RTT: Blue Line bis Clinton
ZUTRITT freier Zutritt

Nagle, Hartray & Associates 1989

Greyhound Busbahnhof 217

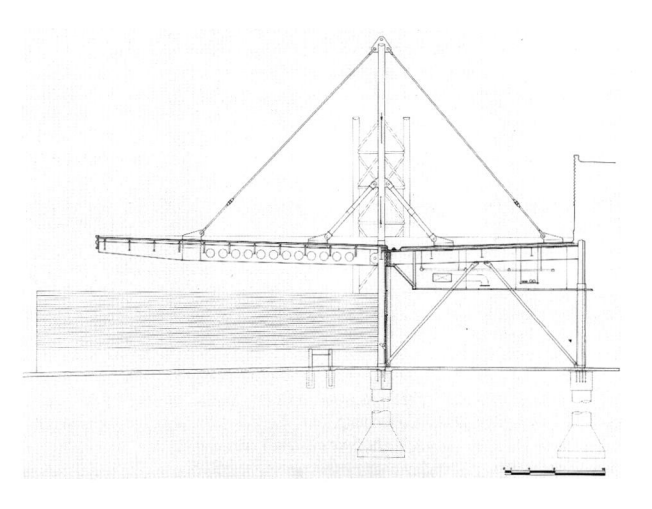

Near West Side und South Loop

Nagle, Hartray & Associates 1989

Canal Center

Das Northern Trust Company Operation Center wurde für Banktransaktionen „hinter den Kulissen" errichtet. In dem Gebäude wird rund um die Uhr gearbeitet, und es beherbergt, von verschiedenen Standorten im Loop hierher verlegt, 2 700 Angestellte. Obwohl es in der Nähe der Chicago Union Station liegt, ist das Gebäude von Downtown Mitte durch den Chicago River und den Congress Expressway abgeschnitten. Der Mangel an örtlichen Einrichtungen hat zur Folge, daß das Bauwerk überraschend vorstädtisch und unabhängig ist – einschließlich einer Cafeteria, eines Fitneßclubs, eines Parkhauses und Einrichtungen für den täglichen Bedarf.

Das Raumvolumen des nicht hochragenden Bauwerks entspricht dem eines fünfundzwanzigstöckigen Wolkenkratzers. Die langgestreckte Fassade und der massive Gesamteindruck sind durch Rücksprünge am Eingang an der Canal Street im Westen und Terrassierung im Osten gemildert. Das sandgestrahlte Rahmenwerk und ein System von Stützen, die die Spannbetonhülle verkleiden, betonen die Vertikalität des Gebäudes. Die Eingangshalle ist spannungsvoll gestaltet und wird durch eine transparente Glasstrukturwand hervorgehoben. Der Verlauf der Spannbetonhülle über dem Eingangsbereich verwebt beide Seiten des Gebäudes. Den Mittelpunkt der Lobby bildet ein terrassenartig angelegter Wasserfall. Die innere Aufteilung gruppiert sich um einen zentralen Durchgang, der als „Hauptstraße" fungiert und alle wichtigen Bereiche einer jeden Etage miteinander verbindet. Farbgestaltung und Deckenmuster wechseln in jedem Stockwerk, bezeichnen den Standort und beleben die ansonsten einheitlich gestalteten 90 Meter langen Hallengänge.

ADRESSE   801 South Canal Street zwischen Polk und Taylor Street
BAUHERR   Northern Trust Company
GRÖSSE   49 200 Quadratmeter
VERKEHRSANBINDUNG   RTT: Blue Line bis Clinton; Bus: 37, 60
ZUTRITT   kein Zutritt

Eckenhoff Saunders Architects 1991

Canal Center

Near West Side und South Loop

Eckenhoff Saunders Architects 1991

River City

Bertrand Goldberg, einer der bedeutenden Chicagoer Architekten unseres ausgehenden 20. Jahrhunderts, ist einer der letzten echten Idealisten. Als Gestalter der Marina-City-„Maiskolben"-Türme (1967) setzt Goldberg seine Suche nach der „perfekten städtischen Ansiedlung" in River City fort. Dabei vertritt Goldberg den Standpunkt, daß Chicago vor allem Wohnungen für die Mittelklasse benötigt. Die verstärkte Ansiedlung der Mittelschicht erhöht einmal das Steueraufkommen und ist zum anderen der Versuch, die demographische Zusammensetzung von Downtown Chicago zu verändern. Seine Vorstellungen wurden von der Regierung nicht sonderlich unterstützt. Der Präsentation der Idee (1967) folgte erst einmal politische Behinderung. Erst unter Bürgermeisterin Jane Byrne wurde 1981 die Planung und Finanzierung genehmigt. Goldberg hat viel über den Niedergang unserer Städte geschrieben, und seine Ideen und Visionen werden leider oft als antiquiert abgelehnt. Vereinzelung ist heute zum Bestandteil des Lebens geworden, und so erscheint die Idee von einer autarken Umgebung fremd und nicht mehr zeitgemäß. Goldberg sagt: „So wie unsere Städte schrumpfen und absterben, so stirbt auch das Leben in ihren Mauern. Wenn unsere Städte weiterhin ein Zentrum der Zivilisation bleiben sollen, so können sie nicht nur für 35 Stunden in der Woche als Aufenthaltsort dienen und ansonsten von unseren Armen bewohnt werden. Die ursprüngliche amerikanische Vision der Stadt beinhaltet Synergie, Wachstum und Gemeinschaft."

River City ist eine wunderschöne poetische Idee; leider wurden die Konstruktionsdetails nicht in derselben Weise realisiert wie der Gesamtentwurf. Zum anderen verhinderten finanzielle Schwierigkeiten die Fertigstellung des Projekts. Nur die erste von fünf Bauphasen wurde auf dem 1,6 Kilometer langen Ufergelände am Südarm des Chicago River vollendet. Der Komplex besteht aus zwei parallelen, S-förmigen Wohnblocks, die durch einen mit Glas überdachten Innenhof miteinander verbunden sind. Die vier unteren Stockwerke sind Geschäften vorbehalten. Von der sagenumwobenen Flußschlange und Goldbergs Interpretation der Chaostheorie inspiriert, ist der wellenförmige Betonbau gleichzeitig Struktur und Skulptur. Computerberechnungen

Bertrand Goldberg Associates, Inc. 1987

River City 221

Near West Side and South Loop

Bertrand Goldberg Associates, Inc. 1987

River City

ermöglichten eine kostensenkende Mehrfachnutzung und somit den wirtschaftlichen Einsatz der glasfiberverstärkten, standardisierten Stahlbauteile für den Guß der komplexen Formen.

Die Bogenform wurde durch den Einsatz vertikaler Betonröhren erreicht, die man in regelmäßigen Abständen entlang der Linie zweier aneinandergrenzender Halbkreise aufstellte. Zwischen den Röhren wurden Säulen aufgestellt, die die Schalbretter der Etagen tragen. So wie die Röhren der S-Kurve folgen, so variiert der Raum zwischen ihnen und schafft 22 verschiedene Apartmentformen in den 446 Wohneinheiten. Der zehnstöckige, glasüberdachte Innenhof zwischen den beiden Hochhäusern mit seinen Parkbänken, Straßenlaternen und Bäumen ist als Ort der Begegnung im Stil europäischer Städte gedacht. Auf der vorstehenden vierstöckigen Basis wurde für die Anwohner ein Park angelegt. Weitere Annehmlichkeiten sind ein Supermarkt, ein Gesundheitszentrum, eine Apotheke und Parkdecks. Ein Drittel des Grundrisses belegt der Hafen mit 70 Anlegestellen.

Die Fassade aus nebeneinanderliegenden Bögen und freihängenden Balkons besteht aus Waschbeton und aus vertikal gerieffeltem Beton (hergestellt durch Anheften von glasverstärkten Streifen im Innern der handelsüblichen Stahlformen, in die der Beton gegossen wird).

ADRESSE   800 South Wells Street (Ecke Polk Street)
BAUINGENIEURE   Bertrand Goldberg Associates, Inc.
GRÖSSE   83 600 Quadratmeter
VERKEHRSANBINDUNG   RTT: Blue, Brown, Orange Line und Purple Line Express bis LaSalle; Bus: 11, 22, 24, 36, 37
ZUTRITT   Eingangshalle und einige Gewerberäume frei

Bertrand Goldberg Associates, Inc. 1987

River City 223

Bertrand Goldberg Associates, Inc. 1987

John G. Shedd
Oceanarium

Der weltweit größte überdachte Pavillon für Meeressäuger ist ein gigantischer und auffallend eleganter Bau für eine künstliche nordwestpazifische Lebenswelt.

Auf der über 70 Ar großen Landaufschüttung am Lake Michigan entstand bereits 1929 der Vorgänger des Pavillons – das von Graham, Anderson, Probst & White entworfene Aquarium. Der muschelförmige Anbau an der Rückseite des alten Gebäudes erweist hinsichtlich Achse, Maßstab und Gewichtung dem großen öffentlichen Gebäude die Ehre.

Der „bejahrte" weiße Georgia-Marmor, der die östliche Rückwand des Aquariums verkleidet hatte, wurde für den neuen Bau wiederverwendet. Die rückwärtige, auf den Lake Michigan gerichtete Fassade ist eine leicht gewölbte Wand aus Glas (von 2,5 Zentimetern Durchmesser) und Stahl, die das Gebäude öffnet und den Lake Michigan im buchstäblichen Sinne hereinholt.

Das Zentrum des dreigeschossigen Baus ist die stützenfreie, an Stahltrossen aufgehängte Zuschauertribüne (1 000 Plätze) gegenüber dem großen Walbecken und dem See (der so von oben betrachtet mit dem künstlichen Hafen zu verschmelzen scheint). Der Servicebereich, die Mechanikerräume und die Verwaltungsbüros wurden geschickt unter der Tribüne untergebracht.

Links neben der zentralen Halle befinden sich zwei Restaurants und ein Informationszentrum, rechts davon ein kleiner Vortragssaal.

Die Delphine, Belugas, Robben, Otter und andere Tiere kann der Besucher von allen Seiten beobachten.

Die Inneneinrichtung mit bemalten Betonfelsen entlang eines 120 Meter langen, verschlungenen und zerklüfteten Naturpfades säumen 70 verschiedene Bäume und Pappmaché-Kulissen, die täuschend „echt" die Landschaft der Küstenregion imitieren. Obwohl kontrovers unter Tierschützern aufgenommen (Aktivisten standen – pünktlich zu jeder stündlichen Tiervorführung – mit Plakaten „Willkommen in der

Lohan Associates 1991

John G. Shedd Oceanarium

Near West Side und South Loop

Lohan Associates 1991

John G. Shedd Oceanarium

Walhölle" usw. vor der Glaswand), ist die Meereshalle eine neue Art von Zoo – ungleich humaner als ihr Vorgänger an gleicher Stelle.

ADRESSE   1200 South Lake Shore Drive (Ecke Solidarity Drive)
BAUHERR   The John G. Shedd Aquarium
BAUINGENIEURE   Rittweger & Tokay
BAUKOSTEN   43 Millionen Dollar
GRÖSSE   15 800 Quadratmeter
VERKEHRSANBINDUNG   Bus: 6, 130, 146
ZUTRITT   von März bis Oktober täglich 9.00-17.00 Uhr; von November bis Februar 10.00-17.00 Uhr; donnerstags ist der Eintritt frei

Lohan Associates 1991

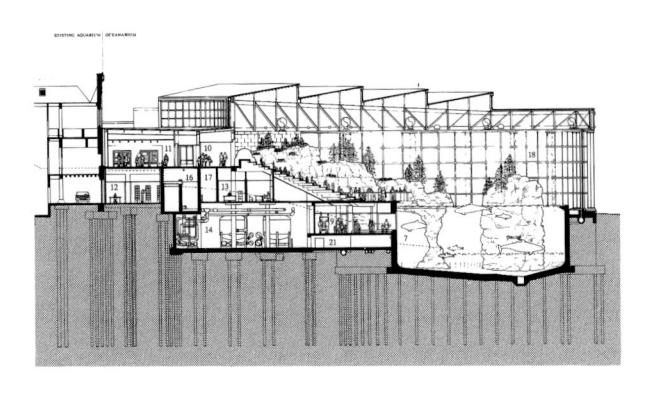

John G. Shedd Oceanarium

Near West Side und South Loop

Lohan Associates 1991

Burnham Park Harbor Station

Dieser kleine Hafen, der an Cape Cod oder Long Island erinnert, beschwört Bilder von frischem Hummer, von Muscheln und Blaubeeren herauf, die einem das Wasser im Munde zusammenlaufen lassen. Das Gebäude aus weißen Schalwänden, das von einer Wetterfahne gekrönt wird, sieht aus, als hätte es ein Hurrikan von der Nordatlantikküste nach Chicago verweht – ein angenehmer Kontrast zur posturbanen Skyline von Downtown Chicago.

Dieser schnörkellose, einstöckige, zweiteilige Bau mit L-förmigem Grundriß bietet einem Lebensmittelstand, einer öffentlichen Wäscherei, Toiletten und den Büros des Charterboot-Verwalters sowie der zweistöckigen Suite für den Hafenmeister (mit Rundblick auf den Hafen) Platz. Das Gebäude ist aus widerstandsfähigem Material erbaut, um der Witterung standzuhalten.

In der benachbarten Halle stehen für Angler ein funktioneller Arbeitstisch und Wasseranschlüsse zur Verfügung.

ADRESSE Burnham Park
BAUHERR Chicago Park District Marine Department
BAUKOSTEN 628 898 Dollar
GRÖSSE Harbor Master Building, 170 Quadratmeter; Fish Cleaning Station, 19 Quadratmeter
VERKEHRSANBINDUNG Bus: 130, 146
ZUTRITT freier Zutritt

Bill Latoza/Chicago Park District 1990

Burnham Park Harbor Station 229

Near West Side and South Loop

Bill Latoza/Chicago Park District 1990

Pilsen

Cesar Chavez Grundschule 232
Harrison Park Cultural and Recreational Center 236

Cesar Chavez Grundschule

Das Gebiet „Back of the Yards" (die Hinterhöfe) beginnt in unmittelbarer Nähe des Hafens. Vom ehemaligen Chicago Union Stockyards, den Gleisen und dem Kanal begrenzt, diente dieses Industrierevier als Vorlage für Upton Sinclairs Roman *Der Dschungel* von 1906.

Ursprünglich Amerikas größte „Fleischtheke", verlor der „Back of the Yards" seine Bedeutung, als Trucks und Interstate Highways Einzug hielten. Heute leben dort vor allem Immigranten, insbesondere Mexikaner.

Im Zentrum dieses Viertels, auf einem kleinen, schmalen Gelände (37 x 135 Meter) steht die Cesar Chavez Grundschule. Das Schulgebäude, in einen Teilblock eingepfercht, umgeben von Rückwänden der Geschäftshäuser, zweistöckigen Eigenheimen in Holzbauweise und einer brachlie-genden Fläche, wurde architektonisch der Gegend angepaßt.

Der dreistöckige Bau unterteilt sich in die Bibliothek, die Turnhalle und einen Cafeteria-Trakt, die als Fortsetzung der linear angeordneten Klassenräume und Gänge erscheinen. Das Gebäude ist nach hinten versetzt – ohne Blick zur Straße. Drei voneinander getrennte Spielplätze, die sich auf dem Gelände befinden, liegen zur Straße hin und können von den umliegenden Häusern aus eingesehen werden.

Eine Kinder-Farbpalette, die Mauerwerk und Stahlteile der Fassade ziert, deutet an, daß die Schule ein pulsierender Platz dieser Gegend ist. Die Bücherei ist in einer Pyramide untergebracht: Die Form wurde, so die Architektin Carol Ross Barney, ihrer wuchtigen Erscheinung wegen ausgewählt. Die Spitze wird nachts beleuchtet und dient als „Leuchtfeuer in der Nachbarschaft".

Innerhalb des Gebäudes wird durch die graduelle Abschwächung der Farben die Unterscheidung in Unter-, Mittel- und Oberstufe betont.

Diese Unterscheidung steht für den Versuch, das Lernen als Aktivität, als ernstzunehmende Tätigkeit und als Differenzierung der Entwicklungsetappen der

Ross Barney + Jankowski, Inc. 1993

Cesar Chavez Grundschule

Pilsen

Ross Barney + Jankowski, Inc. 1993

234 Cesar Chavez Grundschule

Schüler zu veranschaulichen. Der Klassenraum ist die persönliche Leinwand der Schüler und nicht die Domäne der Architektin.

ADRESSE 4747 South Marshfield Avenue
BAUHERR Chicago Public Schools
BAUINGENIEURE Martin/Lam, Inc.
BAUKOSTEN 5,2 Millionen Dollar
GRÖSSE 6 000 Quadratmeter
VERKEHRSANBINDUNG Bus: 9, 47; aus Sicherheitsgründen besser mit dem Auto
ZUTRITT kein Zutritt

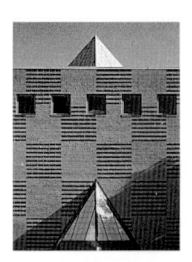

Ross Barney + Jankowski, Inc. 1993

Cesar Chavez Grundschule 235

Pilsen

Ross Barney + Jankowski, Inc. 1993

Harrison Park Cultural und Recreational Center

Eine Vielzahl der Parkanlagen Chicagos stammt aus der Zeit der wirtschaftlichen Depression der frühen 30er Jahre, als die Bundesregierung 6 Millionen Dollar für WPA-Erweiterungsprogramme bereitstellte. Der Chicago Park District wurde 1934 als Verwaltungsamt aller Parkflächen in Chicago gegründet.

Das neue Gebäude im Harrison Park sieht aus wie ein „field house" – ein Gebäudetyp, der seinen Ursprung in der Gartenstadt-Bewegung von 1888 bis 1930 hat. Da Chicago kalte Winter hat, dienten diese Häuser als Gemeinschaftsklubs. Das Center steht in einem Park mit überwiegend mexikanischer Nachbarschaft (das Mexican Fine Arts Museum liegt auf der anderen Seite des Parks). Der Bau wurde bogenförmig konzipiert (die Gemeinde wird symbolisch umarmt) und die umliegende Landschaft neu gestaltet. Rostfarbener Beton, grün gestrichener Stahl und Kupfersäulen im Zugangsweg mildern den festungsartigen Effekt der hohen Fenster (die aus Sicherheitsgründen notwendig sind). Eine Turn-, eine Box-, eine Tischtennishalle, ein Musikraum und Kunsträume in unmittelbarer Nähe zur Schwimmhalle werden von den Bürgern der Gegend angenommen und stark genutzt.

ADRESSE 1824 South Wood Street (Ecke West 18th Place)
BAUHERR Bezirksbehörde und Beratungsausschuß des Harrison Park Chicago
BAUKOSTEN 3,39 Millionen Dollar
GRÖSSE 2 100 Quadratmeter
VERKEHRSANBINDUNG RTT: Blue Line, 18th; Bus: 9, 18, 50
ZUTRITT freier Zutritt

Julie Gross/Chicago Park District 1993

Harrison Park Cultural und Recreational Center 237

Pilsen

Julie Gross/Chicago Park District 1993

South Side, Bridgeport und Umgebung

McCormick Place North 240
Chinatown Square 242
Comiskey Park 244

McCormick Place North

Die neue Versammlungshalle ist ein Erweiterungsbau von McCormick Place On-the-Lake. Das flache Stahlgebäude beherbergt eine zweite Ausstellungshalle, die es erlaubt, zwei Handelsmessen gleichzeitig durchzuführen. Die beiden Gebäude sind durch einen Fußgängertunnel und eine Brücke mit phantasievoll gestalteten Kuppelbauten, die vom Highway aus sichtbar sind, miteinander verbunden. Das offenliegende Dachtragwerk, das um die aufeinandergesetzten Hallen herum konstruiert wurde (als Folge des knappen Platzes), bietet den Vorbeifahrenden einen spektakulären Anblick. Das Bauwerk „hängt" gleichsam über den Eisenbahngleisen.

Das Dach bedeckt die 146 x 238 Meter große Haupthalle. Von 12 Betonpylonen hängen Drahtseile herab (im Innern dienen sie zudem als Schächte für das Ventilationssystem), die auf Teilflächen von 36 x 72 Metern angeordnet sind und die Möglichkeiten für verschiedene Ausstellungen schaffen. Die Pylonen und die Träger sind mit verankerten Röhren verbunden, die das Dach mit einem Podium sichern. Das Podium, eine angehobene Fläche von 182 x 411 Metern, überspannt die Gleise und stützt den Hauptausstellungs- und einen Lagerbereich.

Mit den silbergrauen Aluminiumtafeln, die an polierten Pfosten aus rostfreiem Stahl befestigt sind, wird das Diagonalmuster der Stahltrossen der Dachkonstruktion in dem Muster des Fensterglasbandes der Fassade wieder aufgenommen.

ADRESSE 450 East 23rd Street
BAUKOSTEN 170 Millionen Dollar
GRÖSSE 140 000 Quadratmeter
VERKEHRSANBINDUNG Bus: 3, 4, 21, 127
ZUTRITT zu den jeweiligen Ausstellungszeiten

Skidmore, Owings & Merrill, Inc. 1986

McCormick Place North 241

South Side, Bridgeport und Umgebung

Skidmore, Owings & Merrill, Inc. 1986

Chinatown Square

Bis heute sind 7,8 Morgen des 32 Morgen umfassenden Entwurfs – die erste Bauphase des ambitionierten Plans – vollendet. Rund 3,5 Millionen Dollar wurden für den Aufbau einer Infrastruktur ausgegeben. Das Gelände des ehemaligen Gleishofs der Santa-Fe-Eisenbahn war durch die Verunreinigung mit Kreosot und benzolhaltigen Nebenprodukten so stark belastet, daß die oberen Erdschichten abgetragen werden mußten. Da Chinatown schon seit geraumer Zeit expandieren wollte, ging man dazu über, das Areal jenseits des Gleisgeländes in die Planung mit einzubeziehen. Die äußere Begrenzung ist der Chicago River, über den irgendwann einmal – so die Hoffnung – eine Brücke auf die andere Seite führen wird. Die Planung sieht weiterhin vor, den McCormick Place in den neuen Komplex zu integrieren. In Chinatown lebt ein Viertel (ungefähr 20 000) der amerikanischen Chinesen Chicagos; der neue Entwurf enthält Unterkünfte für weitere 2 000. Die nächste Stufe des Gesamtplans beinhaltet den Bau von Häusern, Apartments, eines chinesischen Fernsehsenders, eines orientalischen Parks, eines Gemeindezentrums und eines Handelszentrums.

Der neue Wohnkomplex besticht mit roten und grünen Aufzügen und Treppenhäusern im Pagodenstil. Zweisprachige Straßenschilder, polygonale Fenster und dekorative Siegel, die in gleichmäßigen Abständen in das Mauerwerk eingelassen sind, nehmen die architektonische Sprache des angrenzenden Chinatown auf.

ADRESSE Archer Avenue, Cermak Road, Chicago River, 18th Street und Wentworth Avenue
BAUINGENIEURE Seymour Lepp & Associates
GRÖSSE 18 600 Quadratmeter
VERKEHRSANBINDUNG RTT: Red Line bis Cermak/Chinatown; Bus: 21, 42 62, 62 Express
ZUTRITT freier Zutritt

Harry Weese & Associates 1993

Chinatown Square 243

South Side, Bridgeport und Umgebung

Harry Weese & Associates 1993

Comiskey Park

1908 erwarb Charles Comiskey 15 Morgen Land, die etwa seit 1860 für sportliche Zwecke genutzt worden waren und wo sich ein Baseballstadion für die Chicago White Sox befand. Das älteste Stadion des Landes wurde von Zachary Taylor Davis entworfen.

Achtzig Jahre später, als die White Sox vorhatten, nach St. Petersburg, Florida, umzuziehen, brachten die Illinois State Assembly und der damalige Bürgermeister James R. Thompson eine Gesetzesinitiative für eine gemeinschaftliche Finanzierung durch Öffentlichkeit und private Hand ein, um ein neues Stadion zu bauen und um das Baseball-Team in Chicago zu halten. Die Initiative sah eine finanzielle Übereinkunft auf Gegenseitigkeit vor, bei der die Finanzierung zum einen durch eine Steuer von zwei Prozent auf Hotels und Motels in Chicago und durch den Abtritt eines Teils der White-Sox-Einnahmen an die Regierung vereinbart wurde. Die Stadt Chicago und der Staat Illinois erhalten dadurch jährlich 180 Millionen Dollar.

Der neue Comiskey Park liegt dem ehemaligen Stadion von 1910 direkt gegenüber. Da die Kosten für einen Umbau als zu hoch befunden wurden, wurde es abgerissen und durch Parkplätze ersetzt. Erhalten blieb nur das Namensschild des Stadions.

Der Comiskey Park ist seit 1972 in den USA das erste ausschließlich dem Baseball vorbehaltene Stadion. Es stellt zum einen eine ökonomische Glanztat und zum anderen einen stadtplanerischen Rückschritt dar. Das Projekt, das von seiner Umgebung keinerlei Notiz nimmt, wurde nach Art eines Einkaufszentrums konzipiert. Es liegt, von den Robert Taylor Homes aus betrachtet, jenseits des Dan Ryan Expressway und einige Blocks östlich von Stateway Gardens – zwei der am meisten heruntergekommenen, von Verbrechen heimgesuchten und von Gangs beherrschten Gebieten der Stadt. Doch auch das kann keine Entschuldigung für eine Anlage sein, die sich überhaupt nicht auf ihre Umgebung bezieht. Das Bauwerk ist in einem Meer von 7 000 Parkplätzen gestrandet, die äußeren Fußgängerrampen wirken wie Barrikaden gegen eine Invasion. Alle Einrichtungen, wie z. B. Erfrischungsstände und

Hellmuth, Obata & Kassabaum, Inc. 1991

Comiskey Park

South Side, Bridgeport und Umgebung

Hellmuth, Obata & Kassabaum, Inc. 1991

Comiskey Park

Souvenirläden, liegen im Innern und verstärken den Effekt einer einsamen Festung. Es gibt keinen Bezug zur historischen Bedeutung des Geländes – eine wirkliche Schande, denn es wäre doch angemessen, Teile des alten Stadions in den Neubau zu integrieren.

Philip Bess, ein Architekt aus Chicago, der einen urbaneren Entwurf vorschlug, ist ein vehementer Kritiker des neuen Comiskey: „Wenn man von der Funktion des Baseballstadions und einer städtischen Ästhetik ausgeht, besteht die wichtigste Eigenschaft des neuen Comiskey Park (und der angrenzenden Fläche der Parkplätze) darin, daß eine Anpassung allein von Chicago geleistet werden soll. Es ist absolut antiurban und bezieht das Leben der Stadt nicht mit ein."

Auch wenn die Architekten hofften, daß die beigen Betonplatten und die Bogenfenster an das Originalgebäude erinnern würden, so sprechen die blauen Bogenornamente, die grünen Pfeiler, das Rauchglas und die unglückliche Parkplatzmarkierung eine seichte, vorstädtische Sprache.

Abgesehen davon ist das Stadion selbst komfortabel gebaut, funktioniert gut und bietet den Zuschauern auf allen Sitzplätzen eine gute Sicht. Die oberen Decks haben eine Neigung von 35 Grad und kommen ganz ohne Stützen aus. Zu erwähnen sind weiterhin 400 Sitze für Behinderte und deren Zugang zu allen Etagen; 40 Verkaufsschalter, acht Rolltreppen und die riesige Sony Jumbotron Anzeigetafel.

ADRESSE   West 35th Street und South Shields Avenue
BAUINGENIEURE   Thornton-Tomasetti, Inc.
BAUKOSTEN   rund 135,5 Millionen Dollar
GRÖSSE   92 000 Quadratmeter
VERKEHRSANBINDUNG   RTT: Red Line bis Sox/35th; Bus: 24, 35, 39
ZUTRITT   an den Spieltagen

Hellmuth, Obata & Kassabaum, Inc. 1991

Comiskey Park   247

South Side, Bridgeport und Umgebung

Hellmuth, Obata & Kassabaum, Inc. 1991

Hyde Park

John Crerar Library 250
Kersten Physics Teaching Center 252

John Crerar Library

Der neugotische Gesamtplan der 1892 eingeweihten Universität von Chicago wurde von Henry Ives Cobb entworfen. Die akademischen Gebäude, die an das alte Viereck des Colleges grenzen, sind nach mittelalterlichen Proportionen errichtet und mit Wasserspeiern, Kragsteinen und Spitzbogenfenstern verziert. Als die Universität 1978 entschied, die wissenschaftliche und medizinische Sammlung mit der John Crerar Library zusammenzuführen, veröffentlichte sie dazu genaue Leitlinien. Der neugotische Stil sollte zwar berücksichtigt werden, aber auch mit den modernen Bauten auf dem Gelände harmonieren.

Die neue Bibliothek komplettiert das achte Quadrat auf dem Campus. Die vierstöckige, 90 Meter lange und 30 Meter breite Stahlbetonkonstruktion ist mit sandfarbenem Indiana-Kalkstein verkleidet. Einige wenige gotische Anspielungen sind augenfällig: die Materialauswahl, die Fenster und der freistehende Bogen, der die Aufmerksamkeit auf den nicht mittig plazierten Haupteingang lenkt. Die Fenster werden von Etage zu Etage kleiner: eine Glaswand in der ersten Etage, kleinere Öffnungen in der zweiten Etage mit einer darüber gespannten Markise und im obersten Stockwerk werden die Fenster zu Schlitzen.

ADRESSE 5730 South Ellis Avenue (Ecke 57th Street)
CO-ARCHITEKEN Loebl, Schlossman & Hackl
BAUINGENIEURE LeMessurier Consultants, Inc.
BAUKOSTEN rund 13 Millionen Dollar
GRÖSSE 14 900 Quadratmeter
VERKEHRSANBINDUNG RTT: es ist nicht empfehlenswert, den L-Zug in diesem Gebiet zu benutzen; außerdem sollte man vermeiden, die Umgebung außerhalb des Stadions für Spaziergänge zu nutzen; Bus: 4, 6, 55; Metra Electric: 55th/56th/57th Street; mit dem Wagen: über die Ausfahrt Lake Shore Drive 51st, 53rd, 57th Street
ZUTRITT Montag-Sonnabend 9.00-17.00 Uhr

Hugh Stubbins Associates 1985

John Crerar Library

Hugh Stubbins Associates 1985

Kersten Physics Teaching Center

Der Teil der dreistöckigen Wissenschaftseinrichtung (Kersten Lehranstalt für Physik), der bei dem Betrachter den stärksten Eindruck hinterläßt, ist sein ausgeklügeltes Regulierungssystem für den Fußgängerverkehr. Das Gebäude ist um einen Giebelkorridor herum entworfen und hat einen dynamischen Eingangsbereich, der sich in einem langen Gang fortsetzt und so zum Treffpunkt innerhalb des Gebäudes wird. Der Gang mit den unzähligen Stufen, die zu den verschiedenen Etagen führen, endet (in der zweiten Etage) in einer Fußgängerbrücke, die über die 57th Street zum Forschungsinstitut führt. Auf der dritten Etage endet der Korridor mit einer Gitterwand, die den Blick auf die Studenten-Lounge freigibt. Um diesen zentralen Gang herum sind die Büros, 13 Laboratorien, Vorlesungssäle und Klassenräume gruppiert. Im Erdgeschoß befindet sich ein Vorlesungssaal und auf dem Dach ein Observatorium.

Der Korridor ist mit einer verspiegelten Außenwand verbunden und wird von einem dreieckigen Oberlicht gekrönt, das zum einen die Vertikalität des Gebäudes übertreibt, sich andererseits zum Viereck hin, das es vervollständigt, öffnet. Die Südwestwand grenzt an die westliche Fassade, als Folge von drei nach hinten versetzten Gebäudeteilen mit Glaswänden, die auf drei Etagen offene Sonnenterrassen und eine nicht überdachte Fläche bilden. Die Straßenfassade orientiert sich am neugotischen Campus der Universität und spiegelt in seiner Verkleidung aus Indiana-Kalkstein in Proportion und Maßstab die umgebenden Strukturen.

ADRESSE   5720 South Ellis Avenue
CO-ARCHITEKTEN   Harold H. Hellman/Universitäty Architect
BAUKOSTEN   6 Millionen Dollar
GRÖSSE   5 300 Quadratmeter
VERKEHRSANBINDUNG   Bus: 4, 6, 55, 59; mit dem Wagen: über die Ausfahrt Lake Shore Drive 57th Street
ZUTRITT   freier Zutritt

Holabird & Root 1985

Kersten Physics Teaching Center 253

Hyde Park

Holabird & Root 1985

Vorstädte im Südwesten

Glendale Heights Post Office 256
Oakbrook Terrace Tower 260
McDonald's Corporation Lodge und Training Center 262
Hauptsitz von Speigal Corporate 264
Illinois State Toll Highway Authority 266
Frederick T. Owens Village Center 268

Glendale Heights Post Office

Bei der Gestaltung dieses vorstädtischen Postamts war es am wichtigsten, daß es vom Highway aus gesehen werden kann. Bei diesem einzigen Projekt mit Publikumsverkehr in einem Industriepark planten die Architekten die Fassade so, daß sie im Vorbeifahren erkennbar ist. Das Gebäude, in Rot-Weiß-Blau gehalten, erinnert ganz bewußt an die amerikanische Flagge. Inmitten dieser leuchtenden Farben lassen sich noch die roten Ziegel ausmachen – ein Versuch, sich den umliegenden, auf Nützlichkeit ausgerichteten Lagerhäusern anzupassen. Drei Viertel der Vorderfassade bestehen aus königsblau glasierten Ziegeln, die unter einer horizontal rot-weiß gestreiften, gefalteten Wand befestigt sind (die Wand ist betont wellenartig). Dadurch erzielt der Effekt einer im Wind flatternden Fahne. Die zweifarbige Streifung umzieht die große Hallenkonstruktion. Goldene, dreieckige Oberlichter bekrönen das Gebäude und wiederholen sich in der Blattgoldverzierung am Drainagesystem des Dachs. Die blaue Fassade ist mit kleinen, quadratischen Fenster übersät, die das Tageslicht hereinlassen, doch dem Blick die wenig pittoreske Ansicht der Parkplätze ersparen. Die heitere Fassade verkörpert das kundenfreundliche Ambiente, das die Gesamtkonzeption beherrscht.

Der einfache Bau besteht aus zwei wesentlichen Teilen: einem großen Arbeits- und Lagerraum zum Sortieren und Bearbeiten der Post und einem kleineren Kundenbereich, der in der Vorderseite des Lagerraums integriert ist. Es gibt zwei benachbarte Haupteingänge – einer führt direkt zu den privaten Postfächern und der andere zu den Schaltern.

Die dynamische Inneneinrichtung aus preisgünstigen, robusten Materialien führt das Flaggenmotiv weiter. Ein überlebensgroßer Postadler fliegt über dem PVC-Fußboden des Vestibüls. Breite, verschiedenfarbige Wellen, mit Sternen übersät, winden sich den Linoleumboden entlang. Sogar die Befestigungen des Fußbodens sind poppig und mit Bezug auf das Flaggenmotiv als Sterne vor einem blauem Hintergrund arrangiert. Im Bereich der Postfächer sollen weiße Lichtbänder vor roter Decke die Streifen symbolisieren. Die Schließfächer befinden sich auf drei einzelnen „Inseln" –

Ross Barney & Jankowski, Inc. 1989

Glendale Heights Post Office

Vorstädte im Südwesten

gegenüber dem taillenhohen Tisch aus rotem Granit, der den Postkunden zur Verfügung steht.

Zwischen dieser öffentlichen Einrichtung und der von Ross Barney + Jankowski entworfenen Grundschule (Cesar Chavez Grundschule, s. S. 232) gibt es viele konzeptionelle und stilistische Ähnlichkeiten, z. B. die programmatische Verwendung der Farbe in Kombination mit Materialien wie Ziegel und Stahl, den Einsatz von an Le Corbusier inspirierten Oberlichtern und architektonische Räume mit winkligen Formen und sich überlappenden, glatten Flächen.

Es ist wunderbar, daß öffentliche Gebäude eine so freundliche und dynamische Atmosphäre ausstrahlen können – daß der Postgang zum Erlebnis wird.

ADRESSE   Brandon Drive (Ecke Bloomingdale Road)
BAUHERR   United States Postal Service
BAUINGENIEURE   Martin/Martin, Inc.
BAUKOSTEN   2 Millionen Dollar
GRÖSSE   2 200 Quadratmeter
VERKEHRSANBINDUNG   mit dem Wagen: 290 Expressway westliche Richtung, rechts abbiegen zu den Vororten westwärts, Ausfahrt westliche Richtung Route 64 zur Bloomingdale Road; nach ca. 9 Meilen links abbiegen in die Brandon Drive
ZUTRITT   öffentlich

Ross Barney & Jankowski, Inc. 1989

Glendale Heights Post Office

Ross Barney & Jankowski, Inc. 1989

Vorstädte im Südwesten

Oakbrook Terrace Tower

Ein städtisches Phänomen wurde in die Vorstadt verpflanzt. Dieser Wolkenkratzer, das höchste Gebäude der Vorstadt, ist aus jeder Richtung zu sehen und steht am wichtigsten Highway-Kreuz, 25 Meilen westlich von der City. Er erhebt sich 127 Meter (31 Stockwerke) hoch über die benachbarten Wirtschafts- und Wohngebäude. Seit den 70er Jahren sind die Firmen verstärkt an die Stadtränder gezogen und haben dort kleine Industrieparks oder sich ausdehnende Areale gebildet. Die Stadtränder sind nun jene Gebiete, die die stärkste Bautätigkeit und das größte Wachstum aufweisen. Die Ergänzung des Oakbrook Terrace Tower um eine Tiefgarage ist ein Indiz für den steigenden Immobilienwert in dieser Region.

Die Architekten haben mit der Errichtung des Towers mit seiner klar erkennbaren Skyline ihr Ziel erreicht. Das Hochhaus, ein blaugrün und grau verglastes Oktagon, weist wundervolle Details auf, wobei es – mit für Helmut Jahn untypischem Understatement – nicht zu glänzend geraten ist. Der Eindruck eines Metallgeflechts wird durch die mit Gitterlinien versehen Glasornamente erzielt, die – in einem orthogonalen Raster – mit kleinen Punkten vor dem grauen Hintergrund gemustert sind. Das auf dem Kopf stehende V ist das wichtigste Motiv, das in verschiedenen Größen auftaucht: Das Dach trägt einen Spitzbogen, und der Eingang nimmt diese Form auf. Sie ergibt sich aus dem Spiel von vertikalen und horizontalen Mustern, die die vier Fassaden des Gebäudes verbinden. Das zeremonielle V ist in weißem Marmor in die fünfstöckige Eingangshalle eingelassen und taucht als Motiv überall im Inneren auf.

ADRESSE 1 Tower Lane
BAUINGENIEURE Cohen Barreto Marchertas, Inc.
GRÖSSE 66 300 Quadratmeter
VERKEHRSANBINDUNG mit dem Wagen: 290 westliche Richtung Roosevelt Road bis 83; südliche Richtung bis zur ersten Ampel; an der Spring Road rechts abbiegen zur Tower Lane
ZUTRITT Eingangshalle frei

Murphy/Jahn 1986

Oakbrook Terrace Tower   261

Vorstädte im Südwesten

Murphy/Jahn 1986

McDonalds' Corporation Lodge und Training Center

Ein beispielhaftes Ausbildungszentrum der Corporation wurde hier errichtet: die „Hamburger-Universität", so lautet ihr Spitzname. Die beiden Gebäude befinden sich auf einem 81 Morgen großen Gelände. Das Ausbildungszentrum und die Unterkünfte sind aus freundlichen Materialien gebaut: Holz, Ziegel und Natursteine aus Wisconsin – in einem erkennbaren Prärie-Stil-Potpourri, das in der sorgfältigen Ausarbeitung der Details Frank Lloyd Wright mit Anspielungen auf Mies van der Rohe vermischt. Das Zentrum ist um Klassenräume und Büros angelegt, die sich ihrerseits um einen zweistöckigen, sonnendurchfluteten Innenhof gruppieren. Er bildet das Kernstück der langen Galerie, die so gestaltet wurde, daß Gruppenbildung und Ideenaustausch ermutigt werden. Ein Hörsaal, Seminar- und Konferenzräume und Laboratorien stehen zur Verfügung. Die 3 000 Studenten pro Jahr leben im 159-Zimmer-Gästehaus, das zusammen mit der Hyatt-Corporation geplant wurde und betrieben wird. Auf entspannte Weise luxuriös (der Schulcharakter bleibt trotzdem erkennbar), enthält der Unterkunftstrakt sowohl Pausen- wie auch Freizeiträume, die zur Fortsetzung der Gruppen- und Arbeitsziele dienen. Das Gästehaus wurde um eine 150 Jahre alte Roßkastanie herum gestaltet. Die Aufforstung eines Eichenwaldes schließt eine McNature Trail mit ein. Eine teilweise überdachte Betonbrücke verbindet die beiden Gebäude.

ADRESSE 2715 Jorie Boulevard, Oak Brook
BAUINGENIEURE Chris P. Stefanos Associates
GRÖSSE 30 660 Quadratmeter
VERKEHRSANBINDUNG mit dem Wagen: 290 West bis I-88 West, Ausfahrt über Route 83 südliche Richtung, rechts abbiegen an der 31st Street, links abbiegen östliche Richtung zum Jorie Boulevard
ZUTRITT kein Zutritt

Lohan Associates 1984, 1990

McDonald's Corporation Lodge und Training Center 263

Vorstädte im Südwesten

Lohan Associates 1984, 1990

Hauptsitz von Speigal Corporate

Dieses alles in den Schatten stellende Gebäude steht direkt an einem Highway-Kreuz und ist unmittelbar über eine Ausfahrt zu erreichen. Das zweiteilige Äußere des Hauptsitzes des Versandunternehmens bringt in der Horizontalen machtvoll den verschiedenartigen Charakter des Geländes zum Ausdruck: auf der einen Seite in unmittelbarer Nachbarschaft den Freeway, die Rückseite hingegen mit Blick über das Hidden Lake Forest Reservat.

Die Straßenfassade ist ein rechteckiges Gitter, in dem Stahlbetonbänder und zartgraue Granitpaneele mit Abschnitten aus Aluminium und grünem Glas wechseln, wobei jede Etage in der Struktur sichtbar wird. Auf dem Dach des Gebäudes befindet sich ein Nachrichtensender, der den vierzehnstöckigen Bau zusätzlich erhöht.

Die andere Seite des Bauwerks, durch eine Fuge getrennt, ist wellenförmig gestaltet; zarte Bogen sind eine Hommage an die nicht regelmäßigen, willkürlichen Formen in der Natur. Die ästhetische, sich schlängelnde Wand, die sich über einen künstlichen Teich erhebt, ist gleichfalls mit grünem Glas und Bändern aus keramiküberzogenen Glasplättchen verkleidet. Ein niedriges, über dem Teich vorspringendes Rundgebäude beherbergt eine zweigeschossige Cafeteria. Dieser Entwurf aus dem Zeitalter der Raumfahrt erlaubt es den Angestellten, von Natur umgeben zu sein und nicht auf das übliche Meer von Autos sehen zu müssen.

ADRESSE   3500 Lacey Road, Downers Grove
BAUHERR   Hamilton Partners, Inc.
BAUKOSTEN   59 Millionen Dollar
GRÖSSE   61 000 Quadratmeter
VERKEHRSANBINDUNG   mit dem Wagen: 290 West bis I-88 West oder nördliche Richtung auf der 355 bis Butterfield Road, Ausfahrt West zur Wood Creek Drive
ZUTRITT   kein Zutritt

Skidmore, Owings & Merrill, Inc. 1992

Hauptsitz von Speigal Corporate 265

Vorstädte im Südwesten

Skidmore, Owings & Merrill, Inc. 1992

Illinois State Toll Highway Authority

Das neue, mittelhohe ISTHA-Gebäude (die Autobahngebühr-Behörde von Illinois), auf der grünen Wiese geradewegs neben dem Highway liegend, verrät schon von weitem sein Hauptanliegen. Das Gebäude wendet sich westwärts jedoch vom Highway ab, der vom Inneren aus nicht zu sehen ist, und ist um einen zentralen Innenhof errichtet, so daß es auch hier die Straße zu ignorieren scheint. Die Fassade ist, so die Architekten, mit Darstellungen versehen, die an Autos erinnern. Auf nicht sehr überzeugende Weise wirken die gebogenen Säulen aus Stahlbeton, die mit Kügelchen verziert sind (vielleicht Münzen für die Gebühren), entfernt wie Autostoßstangen, und die blau-grün getönten Fenster erinnern mit viel Phantasie an Scheinwerfer.

Die Inneneinrichtung, die erheblich interessanter als die Fassade ist, wird von einem zylindrischen Innenhof geteilt, der zwischen zwei rechteckigen Strukturen eingezwängt ist, die sich am Ende im Servicebereich treffen. Die Bruchstelle fungiert als Eingang, der in einen zweigeschossigen Innenhof führt, in dem ein freischwebender Terrazzo-Treppenaufgang zu sehen ist. Mit den Stahlsoffitten, die die gerippten Oberlichter stützen, werden mechanische Bezüge deutlich, und die Stützen im Innern erinnern an Maschinenteile. Die im Industriestil gestalteten Fußgängerbrücken verbinden die nicht öffentlichen Konferenzräume und gestatten einen Blick auf die im Erdgeschoß gedeihende Botanik. Die Einrichtung besteht im wesentlich aus Verwaltungsbüros und besitzt auch einen geheimen Trakt, in dem die Autobahngebühren aus ganz Nord-Illinois gezählt werden.

ADRESSE 1 Authority Drive, Downers Grove
BAUHERR Staat Illinois, Toll Highway Authority
BAUKOSTEN 25,5 Millionen Dollar
GRÖSSE 17 000 Quadratmeter
VERKEHRSANBINDUNG mit dem Wagen: 290 westwärts zur 88 oder westliche Richtung zur 355, Ausfahrt Ogden Avenue
ZUTRITT kein Zutritt

Lohan Associates 1991

Illinois State Toll Highway Authority 267

Vorstädte im Südwesten

Lohan Associates 1991

Frederick T. Owens Village Center

Gegenüber einer belebten Einkaufszeile, die der Mittelpunkt der Stadt ist, umringen drei Gebäude orthogonal einen künstlichen See. Der Komplex schließt ein Gemeindeamt mit Büros und Klassenräumen, ein Gemeindezentrum mit Galerieraum sowie eine Festhalle, ein Freizeitgebäude und ein Freilufttheater ein, das über den See auskragt. Ein Theater ist geplant. Innere Funktionalität drückt sich durch äußere Form aus, was visuelle Kohärenz schafft: Runde Pavillons zeigen Versammlungsräume an, Säulengänge markieren die Eingangshallen.

Der Glockenturm mit Spitzdach auf dem dreigeschossigen, symmetrischen Gemeindeamt ist Mittelpunkt des Komplexes. Es ist als neuer Bezugspunkt für die Siedlung gedacht. Ein teilweise überdachter, geschwungener Gehweg über das Wasser verbindet die Gebäude.

ADRESSE 14700 South Ravinia Avenue, Orland Park
BAUHERR die Gemeinde Orland Park
BAUKOSTEN 11,5 Millionen Dollar
GRÖSSE 8 100 Quadratmeter
VERKEHRSANBINDUNG mit dem Wagen: auf I-55, Ausfahrt LaGrange Road südliche Richtung, rechts abbiegen auf die 145th, links zur Ravinia
ZUTRITT öffentlich

Perkins & Will 1989

Frederick T. Owens Village Center 269

Vorstädte im Südwesten

Perkins & Will 1989

Vorstädte im Norden

Ameritech Center 272
Hauptsitz der Sears Merchandise Group 274
Cooper Lighting Showroom 276
Hauptsitz der Amerikanischen Akademie für Kinderheilkunde 278
Bradforder Schilderbörse 280
Municipal Fueling Facility 282
Wohnhaus in Wilmette 284
Privater Wohnsitz 286
Anbau der North Shore Congregation Israel Synagoge 288
Privater Familienwohnsitz 292

Ameritech Center

Ameritech hat sich sein eigenes, autarkes Universum geschaffen, grandios im Ausmaß und in der Formgebung, eine kleine Stadt im Zentrum der vorstädtischen Hoffman Estates. Der Komplex schließt Büros, Konferenzräume, eine Bibliothek, einen Sportclub, ein Fitneßcenter und ein Lebensmittelgeschäft mit ein. In den Untergeschossen gibt es ein streng abgeschirmtes Labor, in dem neue Kommunikationssysteme entwickelt und erprobt werden.

Der symmetrische Grundriß des Gebäudes besteht aus zwei Kreuzen mit einem zentralen Schnittpunkt. Die Hauptachse schneidet die Zufahrt knapp unter der Mitte des Gebäudes und führt zu den Parkplätzen. Der Eingang zur riesigen Lobby befindet sich auf der zweiten Etage, obwohl sie sich wie das Erdgeschoß ausnimmt. Die Sicherheitsbedingungen im ganzen Gebäude erinnern an die eines internationalen Flughafens.

Wenn man die Erlaubnis hat, durch die großen Glastüren der hinteren Eingangshalle den Komplex zu betreten, ist man auf der Hauptstraße angekommen und von der Organisationseinheit des Gebäudes beeindruckt. Zwei identische, vierstöckige Innenhöfe in jedem Flügel sind durch ein übereinanderliegendes Netzwerk freihängender High-Tech-Brücken verbunden, die das ganze Gebäude durchziehen und die Arbeitsbereiche direkt durchschneiden. Hier geht die Orientierung schnell verloren. Besorgen Sie sich einen Plan, einen erfahrenen Führer und Wanderstiefel.

Adresse 2000 West Ameritech Center Drive, Hoffman Estates
Bauingenieure Chris P. Stefanos Associates
Baukosten 304 Millionen Dollar
Größe 121 000 Quadratmeter
Verkehrsanbindung mit dem Wagen: I-90 westwärts, nördliche Richtung auf der Roselle Road, links zum Zentrum
Zutritt kein Zutritt

Lohan Associates 1991

Ameritech Center 273

Vorstädte im Norden

Lohan Associates 1991

Hauptsitz der Sears Merchandise Group

Der Umzug von 6 000 Angestellten, die bisher in Büros des 441 Meter hohen Sears Towers arbeiteten, in flache Bürogebäude der Vorstadt ist ein bezeichnendes, soziales Phänomen. Dieser Schritt ist nicht nur finanziell begründet: Anscheinend wirken die Bedingungen eines Wolkenkratzers destruktiv auf die Unternehmenskultur und werden von den Mitarbeitern als entfremdend empfunden. Die Sears-Handelsgruppe befindet sich beim Umzug in die Vorstadt in Gesellschaft von McDonald's, Kraft, Speigal, Motorola und vielen anderen Unternehmen.

Der typische, einheitlich mit Blauglas verkleidete Komplex ist eher nichtssagend. Einige der vier- bis sechsstöckigen, schön gestalteten und solide gebauten Häuser sind durch ein zentrales Atrium, das ursprünglich „Main street" genannt wurde, verbunden. Die herkömmliche Gestaltung übernimmt die Anzahl der bisherigen Einrichtungen in dem Versuch, die übliche soziale Umgebung zu bieten.

Man kann aus vielen Gründen (Besucherströme, Größe, Unpersönlichkeit) verstehen, daß es nicht einfach ist, im Sears Tower zu arbeiten. Aber können die Anonymi-tät und der Mangel an Nachbarschaft, die Besonderheit der umgebenden Einrichtungen – also ein typischer homogener Mikrokosmos – die Lösung sein?

Vorstädte im Norden

ADRESSE Higgins Road, Hoffman Estates
BAUHERR Sears Roebuck & Company
BAUINGENIEURE Cohen Barreto Marchertas, Inc.
GRÖSSE 176 500 Quadratmeter
VERKEHRSANBINDUNG mit dem Wagen: 1-90/94 nord-westliche Richtung, 1-90 bis Hoffman Estates; Ausfahrt Route 90 nördliche Richtung bis Route 72 und links abbiegen auf die Higgins Road
ZUTRITT kein Zutritt

Perkins & Will 1992

Hauptsitz der Sears Merchandise Group 275

Vorstädte im Norden

Perkins & Will 1992

Cooper Lighting Showroom

Der Ausstellungsraum für Beleuchtung ist wegen seiner Innenarchitektur bemerkenswert. Die Einrichtung, die seit ihrer Eröffnung mehr als 14 000 Besucher angezogen hat und die in Fachkreisen als „Die Quelle" bekannt ist, ist als ein interaktives Museum mit praktischen Experimenten gestaltet.

Eine aufregende Treppenkonstruktion führt in einen Präsentationsraum, der mit erleuchteten Glasdisplays und Monitoren gefüllt ist. In dem runden Raum, der sich den Grundlagen der Lichttechnik widmet, werden alle wichtigen Lichtquellen vorgeführt. Eine Reihe gut gestalteter Räume, die alle einem bestimmten Aspekt der Beleuchtung gewidmet sind, schließen an. Sie sind nach drei Prinzipien aufgebaut: Technik, Effekt, Leistungsfähigkeit. Eine Reihe von Modellinstallationen aus den Bereichen Wohnen, Bank und Büro sind in Partitionen unterteilt. An ihnen werden verschiedene Beleuchtungsmöglichkeiten demonstriert, z. B. wie durch wärmeres Licht eine freundlichere Atmosphäre entsteht.

Jedem Raum wird ein bestimmter Produkttyp in allen Variationen zugeordnet. Die Macht der Wiederholung und Anhäufung wird in reiner Faszination offenkundig, diese Einrichtungen konzentriert an einem Ort zu sehen. Im Raum für Deckenbeleuchtung erinnert die Decke an ein Stück Schweizer Käse; die Gestalter erhalten hier die Möglichkeit, Effekte zu überprüfen sowie Halterungen und Montagen zu vergleichen.

Das einheitliche Design von Inhalt und Ausstellungsfläche verdeutlicht die „räumliche Macht" von Beleuchtung.

ADRESSE   400 Busse Road, Elk Grove Village
GRÖSSE   1 900 Quadratmeter
VERKEHRSANBINDUNG   mit dem Wagen: 290 bis 83 nördliche Richtung, Ausfahrt Oakton, links abbiegen auf die Busse Road
ZUTRITT   nach Vereinbarung

Booth Hansen & Associates 1991

Cooper Lighthing Showroom 277

Vorstädte im Norden

Booth Hansen & Associates 1991

Hauptsitz der Amerikanischen Akademie für Kinderheilkunde

Das, eine Mischung aus klassischen und zurückhaltend postmodernen Stilelementen, das von Feldern und einer Gartenanlage umgeben ist, schafft eine friedliche, ruhige Atmosphäre. Die würdevolle Konstruktion hebt sich von ihrer weniger attraktiven Nachbarschaft ab und ist vom Highway aus zu sehen – vor allem, wenn sie nachts beleuchtet ist. Das Bauwerk besteht aus einer Stahlrahmenkonstruktion, die eine zweifarbige Fassade aus Ziegel- und Kalksteinstreifen hat: Es ist erfrischend, daß dieses Verwaltungsgebäude in der Vorstadt keine reine Glasfassade vorweist.

Der Zugang liegt auf mittlerem Niveau: Er schneidet durch das ansteigende Gelände, führt achsenförmig durch die Lobby und endet im weitläufigen Innenhof mit Blick über den künstlichen See.

Im Erdgeschoß, vis-à-vis zum See, befindet sich ein großer Konferenzraum; Büros und Sitzungsräume belegen die beiden Etagen. Holz, Terrazzoböden und gedämpfte Tönung in Primärfarben dominieren in der Innengestaltung. Sowohl im Gebäudeinneren als auch im Garten erfreuen den Besucher der Reichtum und die Pracht der Pflanzen. Über Eingangshalle und Innenhof brechen zwei grandiose Oberlichter durch das Dach und vervollkommnen die dramatische Ansicht bei Nacht.

ADRESSE 141 Northwest Point Boulevard, Elk Grove Village
VERKEHRSANBINDUNG mit dem Wagen: Kennedy Expressway bis I-90 zur Elmhurst Road nach Oakden bis 83/Busse Road, rechts in die Handmeyer, die in die Arlington Heights Road führt
ZUTRITT kein Zutritt

Hammond, Beeby & Babka 1990

Hauptsitz der Amerikanischen Akademie für Kinderheilkunde 279

Vorstädte im Norden

Hammond, Beeby & Babka 1990

Bradforder Schilderbörse

Der letzte Teil des in drei Bauphasen realisierten Projekts wurde von Thomas Hickey & Associates gestaltet. Die Überfülle an Avantgarde-Ideen, unglaublicher Mischmasch und die bizarre Ausführung lassen dieses Gebäude wie das Projekt eines wilden, verrückt gewordenen Architekturstudenten erscheinen. Die Fassade, die schamlos mit der vorstädtischen Geschäftsstraße kollidiert, ist völlig fehl am Platz. Die unterschiedlich hohen Außenwände wechseln zwischen Glas und Spiegeln mit asymmetrischen Mustern und einer beinahe nackten, vergitterten Rückwand. Das Innere ist eine Phantasiewelt voller fehlgeleiteter, exotischer Ideen, die durch den Gebäudezweck noch exzentrischer wirken. Hier ist der Hauptsitz des weltweit größten Händlers mit Sammlerschildern, sogar mit einer kleinen Börse, wo man die Preise für Rockwell's Golden Moments oder der immer populären Scarlett-O'Hara-Schilder verfolgen kann. Ein Museum neben dem Handelsbereich, das den Anschein erweckte, stets im Aufbau zu verharren, war so populär, daß Sammler in Bussen scharenweise herangefahren wurden. Vom Haupteingang kann man einen Blick auf die aufgebauten „Verrücktheiten" werfen. Drei Gärten entfalten sich entlang des Gebäudes. Jeder folgt einem Thema: der hölzerne Fußweg, der den Kanal, der an den Büroräumen entlang verläuft, zweiteilt, ist entweder von Bambus oder Orchideen gesäumt. Mattiertes Glas und aufgehängte Drahtseilbrücken schwingen über dem Miniaturwald. Über diesen Brücken entdeckt man silikonbeschichtete Spannkonstruktionen aus Glasfiber, die sich überlappen und von Zeltpfosten gehalten werden und die industriell gefertigte Decke des Gebäudes verbergen.

ADRESSE 9333 North Milwaukee Avenue, Niles
BAUINGENIEURE Getty, White und Mason
GRÖSSE 16 000 Quadratmeter
VERKEHRSANBINDUNG mit dem Wagen: Kennedy bis Edens North bis Dempster West zur Milwaukee Avenue
ZUTRITT kein Zutritt

Weese Hickey Weese 1992

Bradforder Schilderbörse 281

Vorstädte im Norden

Weese Hickey Weese 1992

Municipal Fueling Facility

Eine 2,4 Meter hohe Mauer verbindet alle grundlegenden Teile der Servicestation für städtische Fahrzeuge. Die Mauer, die das 1 Morgen große Eckgelände umschließt, verläuft entlang der Außenseiten und paßt sich den verschiedenen funktionalen, ästhetischen und landschaftlichen Erfordernissen an. Sie ist wechselweise Gebäudemauer, dient der Abschirmung und ist auch Träger für das freiliegende Zweitdach, macht sogar, bevor sie in ein Toiletten- und Lagergebäude übergeht, eine Kurve, um eine Eiche einzubeziehen.

Als mittlere von drei Phasen des öffentlichen Bauvorhabens ist die Tankstelle im hinteren Bereich plaziert. Der vordere besteht aus einem Gebäude für Verwaltungsbüros und einer Reparaturhalle für Lkw, die 1984 fertiggestellt wurde; der mittlere Teil des Entwurfs ist noch unvollendet.

Der Bereich mit den Zapfsäulen, hauptsächlich eine freistehende Ziegel- und Betonkonstruktion, wird von einer verlängerten elliptischen Stahlüberdachung bedeckt, die scheinbar zu schweben scheint und von sechs doppelten, eng zusammenstehenden Stahlstützen getragen wird. Das kleinere, rechte Dach weist auf den Toiletten- und Lagerraum und überdacht den Weg zum Rundbau. Das Fußgängerdach ruht auf 3 Stahlträgern und einer Glasziegelwand. Die Glasbausteine finden sich in dem Band wieder, das um den Toiletten- und Lagerraum verläuft und nachts erleuchtet ist.

ADRESSE 1333 Shermer Avenue, Glenview
BAUINGENIEURE Don Belford Associates
BAUKOSTEN 1 Million Dollar
VERKEHRSANBINDUNG mit dem Wagen: I-94 nördliche Richtung bis Lake Avenue; westliche Richtung über die Brücke, 4 Meilen, an der Kreuzung Shermer und Lake rechts abbiegen; Metra Electric: Milwaukee District Linie Nord, Zug bis Glenview; Bus: 210 WB bis Shermer
ZUTRITT kein Zutritt

Lubotsky Metter Worthington & Law 1988

Municipal Fueling Facility 283

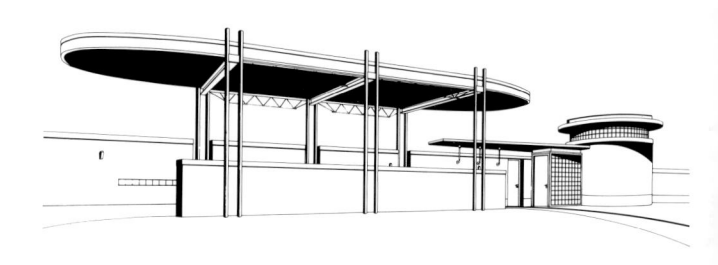

Vorstädte im Norden

Lubotsky Metter Worthington & Law 1988

Wohnhaus in Wilmette

Wilmette gehört zu den ältesten, etablierten Wohngegenden im Großraum Chicago. Die protzigen, soliden Häuser wurden überwiegend in den Jahren zwischen 1880 und 1930 gebaut. In dieser ruhigen, netten Straße findet man das im Kolonialstil gehaltene Standardhaus für eine Familie mit zwei Kindern und Hund. Dieses entzückende, kleine Haus repräsentiert die traditionelle Vorstadt im besten Sinne: modern in seiner Einfachheit, historisch in seinem Vokabular. Die flache Fassade und der elegante Portikus harmonieren mit den umliegenden größeren Häusern. Die graue Stuckfassade des Hauses, das am Rand des Grundstücks steht, ist von einem weißen Holzportikus eingerahmt, dessen Säulen das Vordach tragen. Die Säulen verjüngen sich zur Spitze hin und vergrößern optisch seine Höhe. Die typische weiße Reling besteht aus Stäben mit zwei Zentimetern Durchmesser, die den zierlichen Effekt verstärken, ohne prätentiös zu wirken.

Der Innenausbau ist, wegen des schmalen Grundstücks (15 x 51 Meter), vertikal konzipiert. Das dreistöckige Haus hat zwei Schlafzimmer, zwei Badezimmer, einen Wintergarten und ein Eßzimmer, die die Materialien und Stilelemente der Fassade wieder aufnehmen. Große Mühe wurde auf die solide Handwerksarbeit verwendet. Das Innere schließt viele handgefertigte Holzdetails ein.

Das einzige, was diesem Kino-Traumhaus fehlt, ist der weiße Lattenzaun.

ADRESSE 821 Forest Avenue, Wilmette
BAUINGENIEURE Gullaksen Getty & White
GRÖSSE 240 Quadratmeter
VERKEHRSANBINDUNG mit dem Wagen: I-94 zur 41, Ausfahrt Wilmette Avenue bis Forest Avenue
ZUTRITT kein Zutritt

Hammond, Beeby & Babka 1986

Wohnhaus in Wilmette 285

Vorstädte im Norden

Hammond, Beeby & Babka 1986

Privater Wohnsitz

Der Grundriß dieses Entwurfs mit einem Schlafzimmer, mit Gästezimmern, Swimmingpool und Umkleidekabine, in dem jede Funktion als selbständige Einheit behandelt wird, erinnert an den eines Dorfes. Die Grundform des Hauses – so der Wunsch des Klienten – sollte einem „langgezogenen Ei" gleichen. So ist jedes Zimmer zu einer eigenen Raumeinheit mit individueller Farbe, Form, eigenen Materialien und eigenem Dach geworden, die sich um die anderen Einheiten und die zentrale Ellipse dreht.

Zwei baufällige Obelisken fassen die Zufahrt über die gepflasterte Plaza ein. Laut Tigerman symbolisieren sie den Verlust des ewig erstrebten Ursprungs, des metaphysischen Garten Eden. Der quadratische Toilettenraum, die zylindrische Bibliothek und das Telefonhäuschen wurden an der inneren Ziegelstraße als separate Komponenten plaziert. Küche, Eßbereich, Wohnzimmer, Fernsehraum und Schlafzimmer sind in sich geschlossene Räume an der Außenseite. Der runde Eßbereich mit den typischen Tigerman-Stützen und einer wundervollen hohen Decke verleiht dem Entwurf Größe. Wenn man durch das Haus geht, so findet man eine verblüffende und heitere Gegenüberstellung von Winkeln und Kurven vor.

Dieses vielschichtige Projekt folgt einem intellektuellen Prozeß, der – wie Tigerman es beschreibt – „die Möglichkeit der Bewegung in der Architektur" prüft: „ein Vehikel, um die Starrheit der Gebäude zu überwinden".

ADRESSE 1940 Park West Avenue, Highland Park
BAUINGENIEURE Beer Gorski & Graff
GRÖSSE 600 Quadratmeter
VERKEHRSANBINDUNG mit dem Wagen: I-94 zur 41, Ausfahrt Central Avenue, links abbiegen in die St. John's Avenue und rechts in die Park West Avenue
ZUTRITT kein Zutritt

Tigerman McCurry 1988-1990

Privater Wohnsitz 287

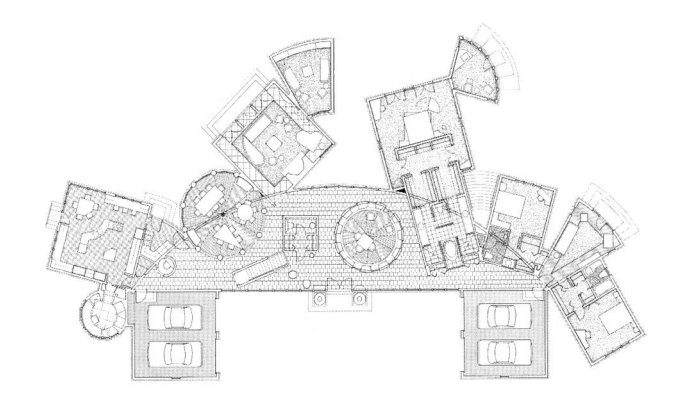

Vorstädte im Norden

Tigerman McCurry 1988-1990

Anbau der North Shore Congregation Israel Synagoge

1964 wurde eine von Minoru Yamasaki entworfene Synagoge, eine weite, weiße, frei dahinfließende Betonstruktur, die offensichtlich von der Natur inspiriert wurde, am Steilufer des Lake Michigan errichtet. Ein ungewöhnliches System im Inneren stützt ein eigenartiges, blumenblattartiges Dach ganz im Stil der 60er Jahre. Die Fassade läßt eine luxuriöse Bestuhlung vermuten. Der Raum bietet 1 000 Gläubigen Sitzplätze (in einer formalen Ausführung) und hat sich für einen täglichen Gottesdienst im vertrauten Kreis als zu groß erwiesen. Der Anbau hingegen, 1984 vollendet, wurde in einem ganz anderen Stil entworfen.

Das neue Gebäude mit seiner historistischen, gemauerten Fassade aus sandsteinfarbenem Ziegel in zylindrischer Form und seinem vereinfachten Portikusstuck nach Palladio ist die vollständige Antithese zu Yamasakis moderner Konstruktion. Diese Verschiedenheit ist bereichernd, da der Versuch, das Gebäude von einer so stark ausgeprägten Besonderheit einfach zu wiederholen oder zu kopieren, als Desaster geendet hätte.

Basierend auf der Raumaufteilung ist der kleinere Anbau (300 Sitzplätze) ein Kubus mit einer Grundfläche von 12 Quadratmetern, der in eine Reihe äußerer Kreise eingepaßt ist. An der Ausarbeitung der Entwürfe war oftmals der Rabbi beteiligt, so daß – deutlich sichtbar – traditionelle Bedeutungen in die Gestaltung einbezogen werden konnten. Jüdische Symbole wie etwa der Davidstern liegen den Details wie z. B. dem großen Kronleuchter im vorderen Bereich zugrunde. Verschiedenartige religiöse und soziale Funktionen finden in verschiedenen Formen ihren Ausdruck: Der gottesdienstliche Raum ist rund, die Gemeindehalle ist ein Rechteck und enthält eine Reihe farbenfroher Bilder des verstorbenen israelischen Künstlers Heinz Seelig.

Die Lichtführung war eine wichtige Angelegenheit: Der äußere Ring ist sowohl von großen, tiefgesetzten Rundfenstern als auch von kleinen, quadratischen Ausschnitten unterbrochen. Ein rundes Oberlicht im Durchmesser von 1,8 Metern erhellt den eleganten Eichenanbau, der von osteuropäischen Synagogen inspiriert ist, mit

Hammond, Beeby & Babka 1984

Anbau der North Shore Congregation Israel Synagoge

Hammond, Beeby & Babka 1984

Anbau der North Shore Congregation Israel Synagoge

Tageslicht. Der eingebaute Balkon mit Blick über den Altarraum läßt an eine orthodoxe Synagoge denken. Die Mischung von Einflüssen der Aschkenazim und Sephardim (der beiden größten Zweige des Judentums) verleiht dem Gebäude eine Vielfalt, die den Wunsch des Architekten ausdrückt, die Heterogenität der jüdischen Gemeinde in Nordamerika zu zeigen. Es ist ein herausragendes, angemessenes Bauwerk.

ADRESSE   1185 Sheridan Road, Glencoe
VERKEHRSANBINDUNG   Kennedy nördliche Richtung, rechts abbiegen in die Lake Hook Road, die in die Sheridan Road führt
ZUTRITT   nach Vereinbarung

Hammond, Beeby & Babka 1984

Anbau der North Shore Congregation Israel Synagoge 291

Vorstädte im Norden

Hammond, Beeby & Babka 1984

Privater Familienwohnsitz

Dieses abwechslungsreich gestaltete, luxuriöse Haus steht auf einem malerischen, drei Morgen großen Grundstück, einer bewaldeten Schlucht mit Blick auf den Lake Michigan. Die Bauherren stellten bestimmte Ansprüche: Sie wollten ein modernes Haus mit großzügigen Räumen und Blick auf den Lake Michigan. Auch sollte es genügend Raum für ihre Sammlung zeitgenössischer Kunst bieten. Sie befragten etwa zwanzig Architekten, bevor sie sich für Arquitectonica entschieden. Die Konstruktion ist ein langgestrecktes, einstöckiges Zickzack, das sich am Kopfende des Geländes mit drei Seiten zum See hin öffnet. Ein gepflasterter Hofraum wird stellenweise von einem Garagenflügel eingeschlossen, was eine private Enklave schafft. Die Außenseite ist mit einem Mosaik aus vorwiegend rötlichem Granit, geflammt oder poliert, verkleidet. Die schwarze Basis und die blaue Terrasse sind eine unregelmäßige Ansammlung von Winkeln und Flächen. Das Dach ist schräggestellt, angehoben und endet auskragend über dem Schlafzimmer. Asymmetrisch geformte Fenster wurden willkürlich verteilt und rahmen entweder eine spezielle Sicht oder durchbrechen den Fassadenrhythmus.

Die Inneneinrichtung besteht aus atemberaubend schönen Räumen. Die wie zufällig verteilten Fenster schaffen innen ein skulpturales, unkonventionelles Ambiente; die unerwarteten Marmorunterteilungen überraschen den Betrachter. Der Teppich im Wohnzimmer, der als gigantisches, gelbes Hammerkissen (der Eigentümer ist Anwalt) gestaltet ist, verleiht einen witzigen Touch, der mit der spielerischen Atmosphäre, die überall herrscht, übereinstimmt.

ADRESSE 81 Lakewood Drive, Glencoe
GRÖSSE 725 Quadratmeter
VERKEHRSANBINDUNG mit dem Wagen: 1-94 rechts in die 41, Ausfahrt Tower Road, auf der Sheridan bis zur Lakewood Drive
ZUTRITT kein Zutritt

Arquitectonica International 1987

Privater Familienwohnsitz 293

Vorstädte im Norden

Arquitectonica International 1987

Gurnee und Zion

Haus der Energie   296
Illinois Bell Telephone Company, Remote Switching Unit   300

Haus der Energie

Das Haus ist ein interaktives Museum, das die Geschichte und den Gebrauch der Energie vermittelt. Das lineare Gebäude ist ein schlichtes, 102 Meter langes Rechteck aus Aluminium und Stahl mit einem Giebeldach, das an die einheimische Kirchenarchitektur erinnert. Das Bauwerk, ein symbolischer Tempel der Energie, befindet sich auf einer Betonplattform etwas über dem Parkplatz. Liturgische Anspielungen sind im Übermaß vorhanden – inspiriert sowohl von der religiösen Behandlung der Energie in dieser Einrichtung wie auch von den vorhandenen religiösen Bezeichnungen des Geländes.

Tigerman schrieb über die äußeren Kräfte, die das Bauwerk formten: „Die basilikaähnliche Form des Gebäudes entwickelt sich in natürlicher Weise aus seiner Lage am östlichen Ende des Shiloh Boulevard (das Ende einer Ost-West-Achse, die die biblisch ersonnene Stadt Zion zweiteilt ... Außerdem liegt der Bahnhof von Zion 13 Grad Ost-Südost von Shiloh Park, was ihn in eine Linie mit Jerusalem setzt. Dies trägt dazu bei, alle liturgischen Bezugspunkte zum biblischen Ursprung von Zion aufzuwerten – im Gebäude zeigt sich dies durch die Zusammensetzung der vier Ausstellungsbereiche, die jeweils um 13 Grad rotieren)." Die Verwendung des 13-Grad-Winkels erscheint in der dekonstruktivistischen Erhöhung des Gebäudes. Die Gestaltung des Bauwerks setzt sich ganz bewußt von dem 180 Meter entfernten Atomkraftwerk in Zion ab. Zwei Notausgänge, in Form von Betonpfeilern, und deren leichtes Stahlgitterwerk, das auch als Träger der Ausstellungshalle dient, durchbohren das Haus in einem Winkel von 13 Grad.

Der erste Abschnitt des dreiteiligen Entwurfs repräsentiert von der Konzeption her das Ganze, das dann im mittleren Bereich auseinandergenommen und versuchsweise – jedoch erfolglos – im letzten Gebäudeteil wiederhergestellt wird. Erreicht wird dies dadurch, daß im ersten Abschnitt die Konstruktionselemente konventionell versteckt werden, im mittleren Teil Röhrenwerke, Wasserrohre und andere strukturgebende Elemente übertrieben und offen gezeigt werden (was auch als ein symbolisches Aufladen oder eine Demystifzierung des Gebäudes intendiert ist) und daß dann im Thea-

Tigerman McCurry 1992

Haus der Energie

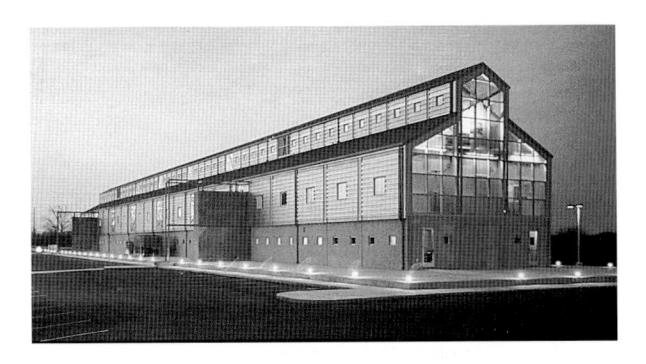

Gurnee und Zion

Tigerman McCurry 1992

Haus der Energie

ter und den öffentlichen Sälen am Ende des Museums die baulichen Grundelemente – jedoch nicht vollständig – wieder verborgen werden.

Der Raum wurde in acht 13 Meter große Quadrate unterteilt, die durch eine diagonale Rotation Komplexität erlangen und die letztlich nochmals in der gleichen Anordnung wie am Eingang orthogonal rekonstruiert werden.

ADRESSE Shiloh Boulevard, Zion
BAUHERR Commonwealth Edison Company
BAUINGENIEURE Beer Gorski & Graff
VERKEHRSANBINDUNG mit dem Wagen: 294 nördliche Richtung zur 173 östliche Richtung bis zur Sheridan Road, östliche Richtung abbiegen in den Shiloh, dann die Uferstraße entlang
ZUTRITT freier Zutritt

Tigerman McCurry 1992

Haus der Energie 299

Gurnee und Zion

Tigerman McCurry 1992

Illinois Bell Telephone Company, Remote Switching Unit

Schräg gestellte Metallröhren und große Findlinge „bewachen" diese kleine gemauerte Anlage. Das Gebäude, ein rechteckiger Kasten mit einem von der Mitte heraus verschobenen dreieckigen Dach, enthält die computergesteuerte Telefonanlage. Das Gebäude dient, abgesehen vom Schutz der Computer vor den Witterungseinflüssen, ausschließlich dazu, das von den Telefonkabeln abgegebene Methangas auf geeignete Weise abzuführen. Die unbemannte Vermittlungsstelle trägt kein Logo oder Firmenzeichen.

Obwohl sie eigentlich nur von Mechanikern aufgesucht wird, wird sie doch täglich von Tausenden von Menschen, die auf dem Weg zum benachbarten Einkaufszentrum sind, gesehen. Die Vermittlungsstelle liegt an der Grenze zwischen einer langen Einkaufszeile und den umliegenden Pferdefarmen.

Das Projekt wurde zum Vehikel der Erkundung architektonischer Möglichkeiten, den Gegensatz zwischen Natur und Technik darzustellen. Sieben in Größe abgestufte Felsen marschieren symbolisch über das Pflaster und den Rasen in direkter Linie zum nordwärts ausgerichteten Dach. Dabei handelt es sich – da die Findlinge keine Funktion erfüllen – um eine reine Geste, die die kontemplative Nuancierung des Entwurfs begründet. Ziegel, als Beispiel der erfolgreichen Versöhnung von Technik und Natur, wurden als grundlegendes Material ausgewählt. Der in der Farbe abgestufte Gebäudekern soll so erscheinen, als ob er sich aus dem Boden erhebe.

ADRESSE Hunt Club Road (Ecke Grand Avenue, Gurnee)
BAUHERR Illinois Bell Telephone Co., jetzt Ameritech
BAUINGENIEURE Teng and Associates
BAUKOSTEN 770 000 Dollar
ZUTRITT kein Zutritt

Ross Barney & Jankowski, Inc. 1991

Illinois Bell Telephone Company, Remote Switching Unit 301

Gurnee und Zion

Ross Barney & Jankowski, Inc. 1991

Register

Register

A. Epstein & Sons 18, 130, 162
Associates Center, Das 128
Abatangelo & Hason 50
Abell, John 46
Agam, Yaacov 128
Ahmanson Commercial Development 170
Alfred Benesch & Co. 20, 194
Alfred Shaw & Associates 56
Altgeld Court 50
American Furniture Mart 88
Ameritech 272, 300
Ameritech Center 272
Amoco Building 136
Anbau der Chicago City Day School 28
Anbau der Chicago Historical Society 56
Anbau der North Shore Congregation Israel Synagoge 288
Anbau der Northwestern University Law School 92
Ando, Tadao 158
Arad, Ron 108
Arquitectonica International Privater Familienwohnsitz (Glencoe) 292
Art Institute of Chicago 158

Associates Center, Das 6, 128
AT&T Corporate Center, USG Building 188
Athletic Club, Illinois Center 134
Aumiller Youngquist p.c. 44
Austin Company, The 90

„Back of the Yards" 232
Banana Republic 7, 114
Barnett Apartment 106
Barney, Carol Ross 232
Beeby, Thomas 30
Beer Gorski & Graff 42, 68, 70, 76, 122, 286, 298
Bertrand Goldberg Associates, Inc. River City 220
Bess, Philip 246
Bloomer, Kent 162
Bloomingdale's Building 104
BMT-Bürogebäude 36
Board of Trade Building 162
Bofill, Ricardo 140
Boogies Diner 112
Booth Hansen & Associates
  Cooper Lighting Showroom 276
  Hauptsitz der Helene Curtis Corporation 180
  House of Light 54

North Pier 88
Terra Museum of American Art 122
Bradforder Schilderbörse 280
Brown, Roger 170
Buck Company 80
Builders' Building 182
Burgee, John 176
Burnham & Root 176
Burnham Park Harbor Station 228
Burnham, Daniel H 102
Byrne, Jane 220

C. F. Murphy & Associates 14, 102
Cairo 46
Canal Center 218
Capitanini Family, The 150
Capone's Chicago 74
Caro, Anthony 176
Casa della Luce 54
Casserly, Joseph 30
CBM Engineers, Inc. 134, 136
Cesar Chavez Grundschule 6, 232, 258
Cesar Pelli & Associates
    181 West Madison Street 184
Chamberlain, John 138
Charles E. Pease Associates 114

Chemical Plaza 178
Chiasso 186
Chicago Architecture Foundation 10
Chicago Athenaeum 80
Chicago Board of Trade 166, 168, 206
Chicago Board Options Exchange 168
Chicago Federal Center 152
Chicago Historical Society 58
Chicago Mercantile Exchange 194
Chicago Park District 236
    Burnham Park Harbor Station 228
    Harrison Park Cultural and Recreational Center 236
Chicago Park District Marine Department 228
Chicago Place 7, 116
Chicago Public Schools 234
Chicago Title & Trust Center 142, 200
Chicago White Sox 244
Chinatown Square 242
Chris P. Stefanos Associates 54, 116, 120, 124, 210, 262, 272
City Commons 50
City of Chicago, Department of Aviation 24
City of Chicago, Department of Public Works, Bureau of Architecture

O'Hare Rapid Transport Station 20
City Place 7, 116
Cityfront Center 88, 96, 98
Cityfront Plaza 96
Clybourn Lofts 50
Cobb, Henry Ives 250
Cohen Barreto Marchertas, Inc. 80, 138, 140, 154, 156, 176, 178, 184, 216, 260, 274
Collins Tuttle & Company 128, 130
Commonwealth Edison Company 298
Commonwealth Edison Substation 76
Cone Kalb Wonderlick 158
Conrad Associates 132
Conrad-Sulzer-Zweigstelle der Chicago Public Library 30, 32
Consoer Townsend & Associates 24
Cooper Lighting Showroom 276
Cooper, Eckstut Associates 96
Corbero, Xavier 140
Crate & Barrel 7, 124
Crow Island School 28

Dan Shannon Associates 210
David Ekstrom 174
de la Paz, Neraldo 108
de Luigi, Ludovico 166

DeStefano & Partners 140
Don Belford Associates 282
Downers Grove 264, 266
Dreiparteien-Haus in der Mohawk Street 42
Dubuffet, Jean 144

Eccentric, The 74
Eckenhoff Saunders Architects Canal Center 218
Eckstorm, Christian 88
Ed Debevic's 74
Edward Durrell Stone 136
Elk Grove Village 276, 278
Elkus Manfredi Architects Limited Sony Gallery 118
Embassy Club 50
Engel, Robert W 114
Environdyne Engineers, Inc. 14
Erweiterung eines viktorianischen Stadthauses 60
Erweiterung von 222 North La Salle Street 182
Eva Maddox Associates T. W. Best Newsstand 208
Exchange Bridge 168
Fidinam (USA), Inc. 178
Fifield Realty Corporation 116

Financial Place Partnership 166
Firmenhauptsitz der Playboy
    Enterprises 62
Florian-Doppelhaus 38
Florian, Paul 40
Florian-Wierzbowski
    Chiasso 186
    Florian-Doppelhaus 38
    Oilily 110
Four Seasons Hotel 104
Frankenstein, Kurt 108
Frederick F. Phillips & Associates
    Dreiparteien-Haus in der Mohawk
    Street 42
Frederick T. Owens Village Center
    268
Fry, Gary 18
500 West Monroe 188
Fujikawa, Johnson & Associates 134
    Chicago Mercantile Exchange 194
    Ralph H Metcalfe Federal Center
    152
Fulton House Condominium 84

Galerie für japanische Wandschirme
    158
Garage für Selbstparker 132
General Service Administration 152

Getty, White und Mason 280
Glencoe 290, 292
Glendale Heights Post Office 256
Glenview 282
Gold Coast 7
Goldberg, Bertrand 7, 220
Graham, Anderson, Probst & White
    56, 182, 208, 224
Graham, Bruce 94
Grais, A. Ronald 132
Greyhound Busbahnhof 216
Greyhound Lines 216
Gross, Julie
    Harrison Park Cultural and Recreational Center 236
Gullaksen Getty & White 60, 284
Gurnee 300

Hallberg, L. Gustav 180
"Hamburger University" 262
Hamilton Partners, Inc. 264
Hammond, Beeby & Babka 30
    Hauptsitz der Amerikanischen Akademie für Kinderheilkunde 278
    Conrad-Sulzer-Zweigstelle der Chicago Public Library 30
    Daniel F. und Ada I. Rice-Gebäude
    156

Harold Washington Library 160
Hard Rock Café 74, 76
Harold Washington Library 6, 30, 160
Harrison Park Cultural and Recreational Center 236
Harry Weese & Associates
   Chinatown Square 242
   Fulton House Condominium 84
   Wohnhäuser am Fluß 82
Hartshorne Plunkard, Limited 7
   Barnett Apartment 106
   Peter Elliott Productions 214
Harwood K Smith & Partners 192
Hayden, Michael 18
Hauptsitz der Amerikanischen Akademie für Kinderheilkunde 278
Hauptsitz der American Medical Association 78
Hauptsitz der Helene Curtis Corporation 180
Hauptsitz der Leo Burnett Company 138
Hauptsitz der Sears Merchandise Group 274
Haus mit Erker 68
Heard & Associates 24
Hellman, Harold H. 252

Hellmuth, Obata & Kassabaum, Inc.
   Comiskey Park 244
Hidden Lake Forest Preserve 264
Highland Park 286
Himmel Bonner Architects
   Boogies Diner 112
   Firmenhauptsitz der Playboy Enterprises 62
Hoffman Estates 272, 274
Holabird & Roche 172, 178
Holabird & Root 56, 174, 178
   Chicago Board of Trade 172
   Anbau der Chicago Historical Society 56
Holabird & Root Offices 172
   Kersten Physics Teaching Center 252
   Anbau der Northwestern University Law School 92
   Palmolive Building 172
   Soldier Field 172
   Holabird & Root Offices 172
Hood, Raymond 98
Horn, Gerald 56
Hotel Nikko 208
House of Light (Casa della Luce) 54
Hugh Stubbins Associates
   John Crerar Library 250

Hunt, Richard 62
Hyatt Hotel 116

Illinois Bell Telephone Company,
 Remote Switching Unit 300
Illinois Center 96, 134
Illinois State Toll Highway Authority 266
Italian Village 148

Jahn, Helmut 14, 136, 146, 170, 206
JMB Urban Realty 104, 194
John Burgee Architects
 190 South La Salle Street 176
John Crerar Library 250
John G. Shedd Oceanarium 224
John Hancock Tower 8, 94, 106
Johnson, Philip 176
Jordan Mozer & Associates
 Cairo 46
 Scoozi! 44
 Vivere 148
Jordan, Michael 120, 134

Kamin, Blair 142
Kaskey, Raymond 162
Kenzo Tange Associates
 Hauptsitz der American Medical Association 78
Kersten Physics Teaching Center 252
Kevin Roche-John Dinkeloo & Associates
 Hauptsitz der Leo Burnett Company 138
Khan, Fazlur R. 94
Klaff, Hersch M. 132
Knight Architects Engineers Planners, Inc. 158
Kohn Pedersen Fox
 Chicago Title & Trust Center 142, 200
 900 North Michigan Avenue 102, 200
 311 South Wacker Drive 192, 200
 333 West Wacker Drive 196
 225 West Wacker Drive 200
Kolbjorn Saether & Associates 62
Kraft, William 18
Krueck and Olsen
 Stahl- und Glashaus 64
 Erweiterung eines viktorianischen Stadthausses 60
Kurokawa, Kisho
 Athletic Club, Illinois Center 134

Lake Fred 262
Larrabee Commons 50

Latoza, Bill
    Burnham Park Harbor Station 228
LeMessurier Consultants, Inc. 250
Lester B Knight & Associates 146
Lettuce Entertain You Enterprises 44
Lev Zetlin Associates 18
Lincoln Park 7, 56
Lincoln Property Company 192
Linpro Company, The 142
Loebl Schlossman & Hackl 250
    City Place 116
    Two Prudential Plaza 136
Loebl, Schlossman, Dart & Hackl
    Water Tower Place 102
Lohan Associates
    Ameritech Center 272
    Illinois State Toll Highway Authority 266
    John G. Shedd Oceanarium 224
    McDonald's Corporation Lodge und Training Center 262
Lubotsky Metter Worthington & Law
    Municipal Fueling Facility 282
Luminaire 48

Mackintosh, Charles Rennie 116
Maddox, Eva 208
Magnificent Mile 102, 120

Marina City 220
Martin/Lam, Inc. 170, 234
Martin/Martin 266
Masonic Temple 176
Matta-Clark, Gordon 78
Mayeri, Beverly 106
McClurg Building 172
McCormick Place North 240
McCormick Place On-the-Lake 240, 242
McDonald's 74
McDonald's Corporation Lodge und Training Center 262
McHugh Levin 210
MCL Construction Corporation 50
Melman, Rich 44
Merchandise Mart 88, 198, 208
Metcalfe, Ralph 152
Metropolitan Structures 194
Mexican Fine Arts Museum 236
Midwest Stock Exchange 168
Mies van der Rohe, Ludwig 8, 116, 134, 152, 262
Miglin-Beitler 184
Miller-Klutznick-Davis-Gray and Company 80
Miró, Joan 106
Mitsui & Co. 170

Mondrian, Piet 110
Moriyama & Teshima Architects
   Chemical Plaza 178
Morton International Building 204
Mozer, Jordan 44, 46, 148
Municipal Fueling Facility 282
Murphy/Jahn
   Northwestern Atrium Center 206
   O'Hare Rapid Transit Station 20
   Oakbrook Terrace Tower 260
   Savings of America Tower 170
   Thompson Center 144
   United Terminal One Complex 14

Naess & Murphy 14
   Prudential Plaza 136
Nagle, Hartray & Associates 70
   Greyhound Busbahnhof 216
   Haus mit Erker 68
   Oprah Winfrey Harpo Studios
   214
   Stadthäuser in der Schiller Street
   70
Nasir-Kassamau Luminaire 48
NBC Tower 96
Neo 46
900 North Michigan Avenue 110, 7,
   102, 106, 108, 200

Nike, Inc. 120
Niles 280
North Pier 88
North Side 7
Northern Trust Company Operations
   Center 218
Northwestern Atrium Center 206
Northwestern Terminal Building 208

O'Hare International Airport 14
O'Hare International Terminal 22
O'Hare Rapid Transit Station 20
Oak Brook 262
Oakbrook Terrace Tower 8, 260
Oilily 110
Old Colony Building 172
Old Town 7
One Financial Place 166, 168
One Financial Place Partnership 168
One North Franklin 188
181 West Madison Street 184
190 South La Salle Street 176
Onterie Center 94
Oprah Winfrey Harpo Studios
   214
Orix Real Estate Equities, Inc. 204
Orland Park 268
Otis Building 178

Paine Webber Tower 184
Palmer Group Limited, The 202
Pappageorge Haymes
    Altgeld Court 50
    BMT-Bürogebäude 36
    City Commons 50
    Clybourn Lofts 50
    Embassy Club 50
    Larrabee Commons 50
    Luminaire 48
Pelli, Cesar 184
Perkins & Will 104, 136, 198, 202
    Frederick T. Owens Village Center 268
    Morton International Building 204
    O'Hare International Terminal 22
    Hauptsitz der Sears Merchandise Group 274
Peter Elliott Productions 7, 214
Philip Johnson
    190 South La Salle Street 176
Phillips, Frederick 42
Planet Hollywood 74
Power House, The 296
Presidential Towers 210
Privater Familienwohnsitz, Glencoe 292
Privater Wohnsitz, Highland Park 286

Prudential Plaza 136
PSM International Corporation 94
Pugh Warehouse 88
Pugh, James 88

R. R. Donnelley Building 140
Ralph H Metcalfe Federal Center 152
Ricardo Bofill Taller d'Arquitectura
    R. R. Donnelley Building 140
Rittweger & Tokay 226
River City 7, 220
Robert L. Miller Associates 28
Rogers, James Gamble 92
Rookery building 176
Root, John W. 176
Ross Barney & Jankowski, Inc.
    Cesar Chavez Grundschule 232
    Glendale Heights Post Office 256
    Illinois Bell Telephone Company Remote Switching Unit 300

Saarinenn, Eero and Eliel 28
Sabrina 46
Savings of America Tower 170
Schal Associates 14
Stadthäuser in der Schiller Street 70
Schlegman, Sheldon 128
Scoozi! 44, 46

Sears Roebuck & Company 274
Sears Tower 8, 94, 274
Seymour Lepp & Associates 84, 242
Shaw & Associates, Inc. 80, 176, 184
Shingu, Osamu 134
Siegal, Irene 32
Skidmore, Owings & Merrill, Inc.
    AT&T Corporate Center, USG Building 188
    Chicago Board Options Exchange 168
    500 West Monroe 188
    McCormick Place North 240
    NBC Tower 96
    One Financial Place 166
    One North Franklin 188
    Onterie Center 94
    Hauptsitz von Speigal Corporate 264
    303 Madison Street 186
    303 West Madison 188
    225 West Washington Street 188
    Erweiterung von 222 North La Salle Street 182
Smith, Adrian 188
Solomon Cordwell Buenz & Associates
    Crate & Barrel 124
    Presidential Towers 210

Sony Corporation of America 118
Sony Gallery 118, 120
Source, The 276
State of Illinois Capital Development Board 146
State of Illinois Center, The 144
Stearn-Joglekar, Limited 108, 214
Stahl- und Glashaus 64
Stein & Co. 190
Stein & Company Federal Center, Inc. 154
Stella, Frank 154
Stern, Robert A M 114
    Banana Republic 114
Stone Container Building 128
<u>Straßen</u>
    Adams 156
    Archer Avenue 242
    Authority Drive 266
    Bloomingdale Road 258
    Brandon Drive 258
    Busse Road 276
    Cermak Road 242
    East Adams 158
    East Chicago Avenue 92
    East Delaware 108
    East Delaware Place 104
    East Erie 94, 120, 122, 124

Register

Straßen (fortführend)
East 57th 250
East Huron 116
East Illinois 90, 98
East Lake 132, 136
East Oak 112
East Onterie 94
East 23rd 240
East Walton 104
18th 242
Forest 1Avenue 284
Grand Avenue 80, 300
Greenview 50
Higgins Road 274
Hunt Club Road 300
Jorie Boulevard 262
Lacey Road 264
Lakewood Drive 292
Madison 186
Michigan Avenue 102, 156
North Canal 84, 206
North Clark 142, 146
North Cleveland Street 40
North Clinton 210
North Dearborn 60, 74, 76, 138, 208
North Desplaines 210
North Lake Shore Drive 62
North LaSalle 146, 170, 182
North Lincoln Avenue 32
North Michigan Avenue 102, 104, 110, 114, 116, 118, 120, 122, 124, 130
North Milwaukee Avenue 280
North Mohawk 42
North Orchard 68, 70
North Orleans 36, 54, 208
North Riverside Plaza 204
North Rush 112
North State 80
North Stetson Avenue 134, 136
North Wells 46, 58, 180, 208
Northwest Point Boulevard 278
Park West Avenue 286
Polk 218, 222
Schiller 70
Sheridan Road 290
Shermer Avenue 282
Shiloh Boulevard 296, 298
Solidarity Drive 226
South Canal 218
South Clark 150
South Dearborn 150
South Desplaines 216
South Ellis Avenue 250, 252
South Franklin 190

Straßen (fortführend)
  South La Salle 176
  South Lake Shore Drive 226
  South LaSalle 166, 178
  South Marshfield Avenue 234
  South Michigan Avenue 158
  South Ravinia Avenue 268
  South Shields Avenue 246
  South State 162
  South Wacker Drive 192, 194
  South Wells 222
  South Wood Street 236
  Southport 50
  Taylor 218
  Tower Lane 260
  Van Buren 162
  Wells 184
  Wentworth Avenue 242
  West 35th 246
  West Adams 174
  West Ameritech Center Drive 272
  West Congress 162
  West Harrison 216
  West Hawthorne Place 28
  West Huron 44
  West Jackson Boulevard 154
  West Lake 146
  West Madison 184, 206, 208, 210
  West Monroe 150, 190, 210
  West Ontario 74, 76
  West Randolph 146
  West Superior 48
  West Van Buren 168
  West Wacker Drive 138, 140, 196, 198, 200, 202
  West Washington Boulevard 214
  Wrightwood 50
Stubbins Associates, The
  John Crerar Library 250

T. W. Best Newsstand 208
Tadao Ando Architect & Associates
  Galerie für japanische Wandschirme 158
Tange, Kenzo 78
Teng and Associates 300
Terra Museum of American Art 122
Terra, Daniel 122
Terzian, Rouben 36
Thomas Hickey & Associates 280
Thompson Center 6, 144
Thompson, Governor James R 144
Thompson, III, Gordon
  Niketown 120
311 South Wacker Drive 192
333 West Wacker Drive 196

311 South Wacker Drive 200
333 West Wacker Drive 6
303 Madison Street 186
303 West Madison 188
Tigerman Fugman McCurry
   Hard Rock Café 74
   Garage für Selbstparker 132
Tigerman McCurry
   Commonwealth Edison Substation 76
   Haus der Energie 296
   Privater Wohnsitz (Highland Park) 286
Tigerman, Stanley 286
Tishman Speyer Properties 98, 182
Tribune Tower 96, 98
Two Prudential Plaza 136
225 West Wacker Drive 200
225 West Washington Street 188

United Airlines Terminal One Complex 14
United States General Services Administration 154
University of Chicago 250
Urban Investment & Development Company 198
USG Building 188

Vivere 46, 148
VMS Realty Partners 116

Warhol, Andy 106
Water Tower Place 102
Weese Hickey Weese
   Bradforder Schilderbörse 280
Weese Langley Weese
   Anbau der Chicago City Day School 28
Weese, Harry 82, 84
Weidlinger Associates, Inc. 118
Wells Engineering 24
Wesselman, Tom 62
Wilmette 284
Winfrey, Oprah 74
Wright, Frank Lloyd 116, 122, 262
Wohnhaus in Wilmette 284
Wohnhäuser am Fluß 82

Yamasaki, Minoru 288

Zion 298

Abbildungsnachweis

Abbildungsnachweis

Umschlag, Vorderseite Steve Hall, Hedrich-Blessing
Buchrücken courtesy Bertrand Goldberg Associates, Inc.
S. 15 Timothy Hursley
S. 17 James R. Steinkamp, © Steinkamp/Ballogg Chg.
S. 19 Timothy Hursley
S. 21 James R. Steinkamp, © Steinkamp/Ballogg Chg.
S. 23, 25 Nick Merrick, Hedrich-Blessing
S. 29 Scott McDonald, Hedrich-Blessing
S. 31 Hedrich-Blessing, courtesy Murphy/Jahn
S. 33 Timothy Hursley
S. 39, 41 © Wayne Cable, Cable Studios
S. 45 James R. Steinkamp, © Steinkamp/Ballogg Chg.
S. 47 Dan Bakke, courtesy Jordan Mozer & Associates, Ltd
S. 49–51 George Pappageorge
S. 55 Paul Warchol
S. 57 © George Lambros Photography
S. 59 James R. Steinkamp, © Steinkamp/Ballogg Chg.
S. 63 Nick Merrick, Hedrich-Blessing
S. 65–67. Bill Hedrich, Hedrich-Blessing
S. 69 Mark L. Ballogg, © Steinkamp/Ballogg Chg.
S. 75 Howard N. Kaplan, © HNK Architectural Photography, Inc.
S. 77 Van Inwegan Photography, Chicago
S. 79, 81 Tillis & Tillis Inc., courtesy Kenzo Tange Associates
S. 85 Marco Lorenzetti, Hedrich-Blessing
S. 89, 91 © Wayne Cable, Cable Studios
S. 93 Timothy Hursley
S. 95 Gregory Murphey
S. 97, 99 © George Lambros Photography
S. 103, 105 Marco Lorenzetti, Hedrich-Blessing
S. 107, 109 Sean M. Kinzie, courtesy Hartshorne & Plunkard, Ltd
S. 111 © Wayne Cable, Cable Studios
S. 113 © Scott Frances/Esto

Abbildungsnachweis

S. 115 Timothy Hursley
S. 117 © George Lambros Photography
S. 119 Hedrich-Blessing, courtesy Elkus Manfredi Architects Ltd
S. 121 courtesy Nike, Inc.
S. 129, 131 courtesy A. Epstein & Sons
S. 133 Barbara Karant, Karant + Associates, Inc.
S. 135 Gregory Murphey
S. 137 Scott McDonald, Hedrich-Blessing
S. 139 courtesy Kevin Roche John Dinkeloo & Associates
S. 141 Mark L. Ballogg, © Steinkamp/Ballogg Chg.
S. 143 Barbara Karant, Karant + Associates, Inc.
S. 145, 147 James R. Steinkamp, © Steinkamp/Ballogg Chg.
S. 149–151 David Clifton
S. 153, 155 courtesy Fujikawa Johnson & Associates, Inc.
S. 157 Hedrich-Blessing, courtesy Hammond, Beeby & Babka
S. 161 Timothy Hursley
S. 163 Judith Bromley
S. 166, 167 Jon Miller, Hedrich–Blessing
S. 169 Gregory Murphey
S. 171 James R. Steinkamp, © Steinkamp/Ballogg Chg.
S. 175 David Clifton
S. 181 Nick Merrick, Hedrich-Blessing
S. 183 Merrick & McDonald, Hedrich–Blessing
S. 187 © Wayne Cable, Cable Studios
S. 189 Nick Merrick, Hedrich-Blessing
S. 191 Hedrich-Blessing, courtesy Skidmore, Owings & Merrill, Inc.
S. 193 © George Lambros Photography
S. 195 David Clifton
S. 197 Barbara Karant, Karant + Associates, Inc.
S. 199 Gregory Murphey
S. 201, 203 ©Wayne Cable, Cable Studios
S. 205 Nick Merrick, Hedrich-Blessing
S. 207 Timothy Hursley

Abbildungsnachweis

S. 211 John Apolinski, courtesy Solomon Cordwell Buenz & Associates
S. 214, 215 Sean M. Kinzie
S. 219 © George Lambros Photography
S. 221 David Belle
S. 223 courtesy Bertrand Goldberg Associates, Inc.
S. 225 Nick Merrick, Hedrich-Blessing
S. 228, 229 Chicago Park District
S. 233–235 Steve Hall, Hedrich-Blessing
S. 237 Chicago Park District
S. 241 Ben Altman
S. 243 Samuel Fein
S. 245, 247 courtesy Hellmuth, Obata & Kassabaum, Inc.
S. 251 Bob Harr, Hedrich-Blessing
S. 253 Bob Shimer, Hedrich-Blessing
S. 257, 259 Barry Rustin, courtesy Ross Barney & Jankowski, Inc.
S. 261 Timothy Hursley
S. 263 Hedrich-Blessing, courtesy Lohan Associates
S. 265 Jon Miller, Hedrich-Blessing
S. 267 Barbara Karant, Karant + Associates, Inc.
S. 269 Nick Merrick, Hedrich-Blessing
S. 273 Steve Hall, Hedrich-Blessing
S. 275 James R. Steinkamp, © Steinkamp/Ballogg Chg.
S. 277 Nick Merrick, Hedrich-Blessing
S. 279 Timothy Hursley
S. 281 Howard N. Kaplan © HNK Architectural Photography, Inc.
S. 285, 289, 291 Timothy Hursley
S. 293 Tim Street-Porter
S. 297, 299 Van Inwegan Photography, Chicago
S. 301 Nick Merrick, Hedrich-Blessing